거울의 방에서

Inne i spegelsalen by Liv Strömquist
© Liv Strömquist 2021
All Rights Reserved Korean translation ©2022 by Dolbegae Publishers
Korean translation rights arranged with Am-Book (www.am-book.com) and Orange Agency

이 책은 오렌지 에이전시를 통한 저작권자와의 독점 계약으로 돌베개에서 출간되었습니다.
저작권법에 의해 한국 내에서 보호를 받는 저작물이므로 무단 전재와 복제를 금합니다.

거울의 방에서
우리는 왜 외모에 집착할까

리브 스트룀크비스트 지음
이유진 옮김

2022년 9월 23일
초판 1쇄 발행

펴낸이	한철희	
펴낸곳	돌베개	
등록	1979년 8월 25일 제406-2003-000018호	
주소	(10881) 경기도 파주시 회동길 77-20 (문발동)	
전화	(031) 955-5020	
팩스	(031) 955-5050	
홈페이지	www.dolbegae.co.kr	
전자우편	book@dolbegae.co.kr	
블로그	blog.naver.com/imdol79	
트위터	@dolbegae79	
페이스북	/dolbegae	
편집	유예림	
표지 디자인	김민해	
본문 디자인	이은정	
마케팅	심찬식·고운성·한광재·김영수	
제작·관리	윤국중·이수민·한누리	
인쇄·제본	영신사	

ISBN 979-11-91438-81-9 (07330)

책값은 뒤표지에 있습니다.

이 책은 스웨덴예술위원회(Kulturrådet/Swedish Arts Council)의
지원을 받아 출간되었습니다.

거울의 방에서

우리는 왜 외모에 집착할까

리브 스트룀크비스트

이유진 옮김

Inne i spegelsalen

돌베개

일러두기
원주는 •로, 옮긴이의 주는 *로 표시했다.

TJEJ VID SPEGEL

거울 앞의 소녀

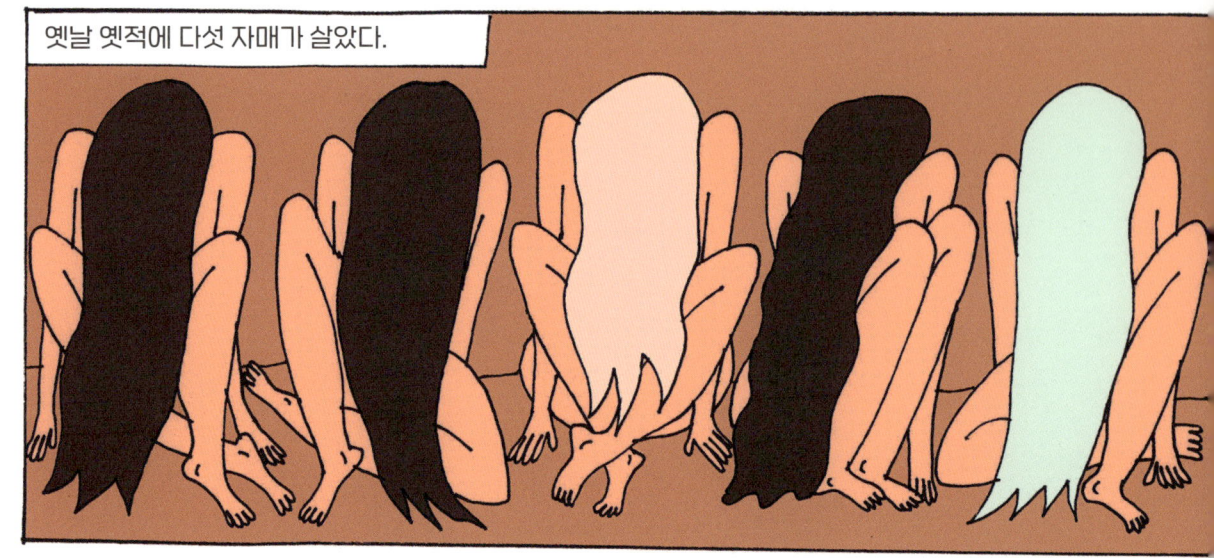

옛날 옛적에 다섯 자매가 살았다.

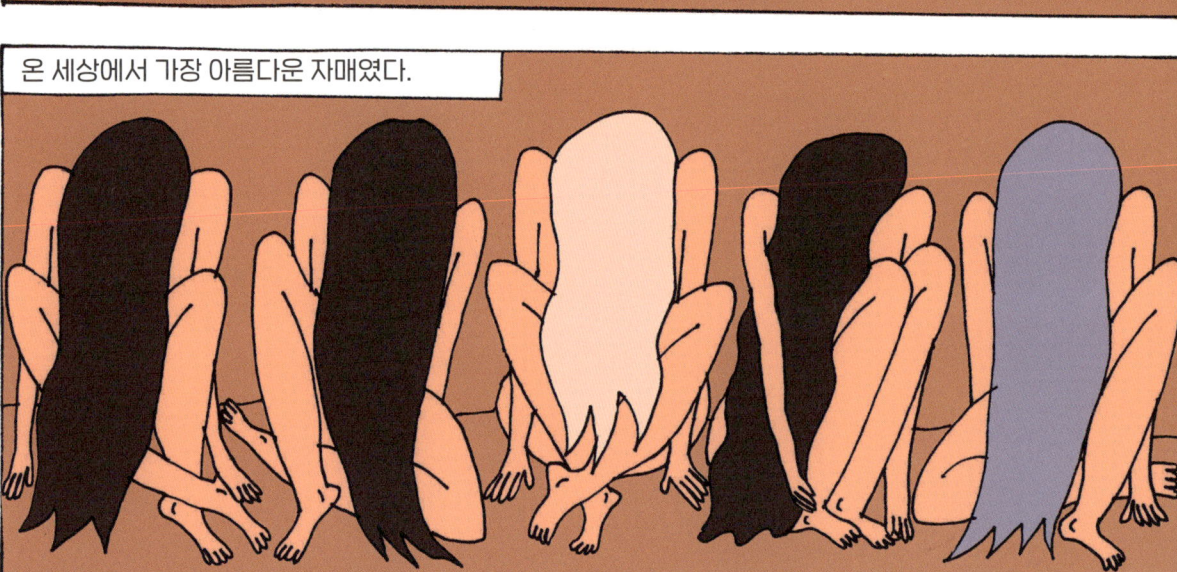

온 세상에서 가장 아름다운 자매였다.

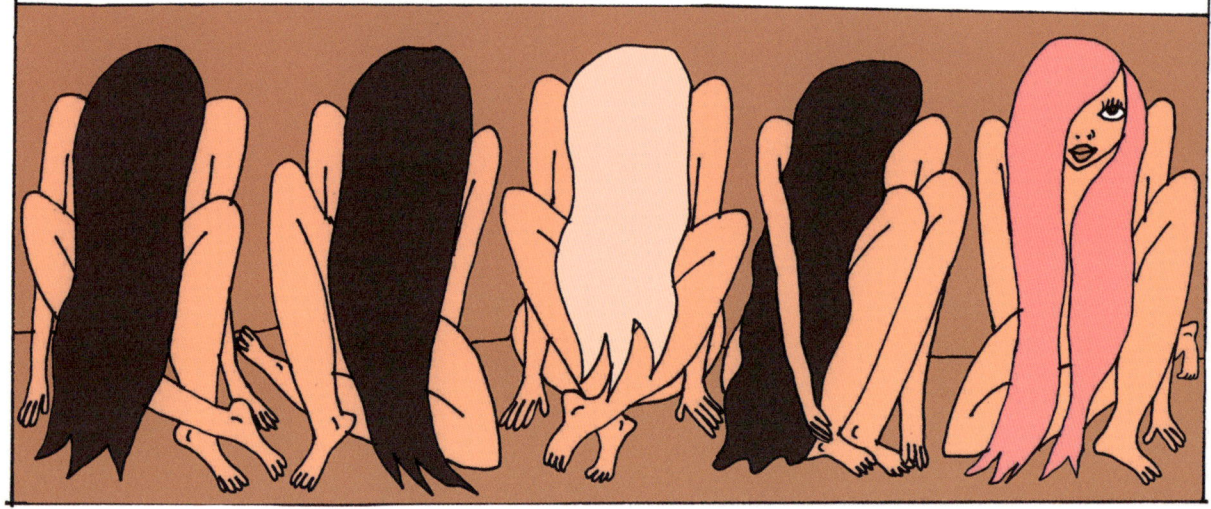

사리에 맞는 평범한 동화가 다 그렇듯, 그중에서 막내가 가장 아름다웠다.

그리고 막내의 이름은 카일리였다.

몇 년 전 인터넷에서는, 많은 팬들 사이에서 '카일리처럼 도톰한 입술 만들기' 챌린지가 유행했다.

"#카일리제너챌린지"라는 해시태그가 붙은 이 챌린지는 작은 술잔이나 병 입구를 입술에 대고 공기를 빨아들여 입술이 도톰해 보이게 하는 것이었는데, 이것을 하다가 많은 사람이 입술을 다쳤고, 입술에 통증을 느끼거나 멍이 들었다.*

* 2015년 4월 20일 자 「세븐틴」 잡지 내용

카일리는 이런 트윗을 남겼다.

저는 사람들/어린 여자아이들이 저처럼 보이거나 저처럼 보이는 게 올바르다고 생각하게 부추기려고 이 자리에 있는 게 아니에요.

2015년 4월 21일

하지만 그런데도 불구하고 — 즉 카일리가 자기처럼 보이도록 사람들/젊은 여성들을 부추길 **생각이 없다고** 하는데도, **이들은 카일리처럼 보이기를 원한다.**

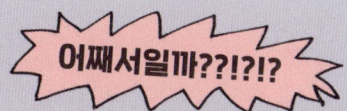

이런 사진들을 보는 일이 노먼 록웰의 1954년 작 <거울 앞의 소녀>에 표현된 감정, 즉 내가 그렇게 생기지 못했다는 데서 오는 우울과 불안의 감정을 자주 초래하는 이유는 무엇일까?

내 입은 저렇게 안 생겼어.

내 피부는 저렇지 않아.

내 청바지 핏은 저렇지 않아.

내 눈은 저렇게 안 생겼어.

내 코입술선은 저렇지 않아.

그래서 지금 나는 너무 슬퍼.

커밀 팔리아*가 다른 아름다운 여성을 보고 낙심하는 여성들을 묘사하곤 할 때처럼, 누군가는 이렇게 소리 지를지도 모른다.

"뭐 저런 어처구니없는 태도가 다 있나!"

* 미국 예술종합대학 유아츠(UArts) 교수. 『남자의 시대는 끝났다』 공저. '안티페미니스트 페미니스트'라고 불린다.

어째서 사람들/어린 소녀들은,
카일리 제너의 여왕벌같이 가는 허리,
상아로 조각한 것 같은 광대뼈나
봉긋한 엉덩이 사진을 볼 때는,
예를 들어 멋진 해넘이, 끝내주는 바닷가나
화려한 모습을 한 앵무새를 볼 때 느끼는 기쁨,
즉 **존재의 아름다움에 대한 긍정적인 기쁨**을
똑같이 오롯하게 느끼지 못하는 것일까?

존재의 아름다움에 대한 긍정적인 기쁨을
느끼지 못하는 것과 **동시에**, 그들은 또한
부정적인 감정을 느낀다.
그들 마음에 상처를 내는 것은, 어떤 감정일까?
열등감일까? 패배감? 우리의 강한 갈망은
결코 채워지지 않을 거라는 감정?
혹은 운동이나 성형수술을 하고 싶다거나,
피부 관리 제품, 허벅지까지 올라오는 부츠를
사야 한다는 모호한 욕망?
희미한 좌절감일까, 아니면 심지어 분노를 느끼는 걸까?

그렇다. 아마도 프랑스 철학자 르네 지라르의 '모방적 욕망' 이론으로 설명할 수 있을 것이다.

지라르는 이렇게 말한다. 배고픔 같은 육체적 욕망을 제외하면, **사람은 다른 사람들이 욕망하는 것을 욕망한다.**

명확한 예로 패션을 들 수 있다. 예를 들어 누군가가 느닷없이 7부 바지를 입기 시작하면, 처음에 대부분의 사람들은 이렇게 생각할 것이다.

하지만 오래지 않아 욕망은 전염되고, 사람들 사이에서 빠르게 모사되며, 느닷없이 모두들 7부 바지가 아주 멋있다고 생각하며 그 바지를 소유하여 입고 싶어 하게 된다. 그리고 그 바지를 살 경제적 수단이 없다면 괴로워하기 시작한다.

똑같은 메커니즘이 거품 경제와 같은 사례에서 작동한다.

10분이 지나고 나면...

이 같은 일은 학급처럼 좀 더 작은 규모에서도 일어날 수 있다. 학교에서는 모두가 같은 사람을 좋아하는 일이 흔한 현상이다.

모방적 욕망은 단계적으로 확대되는데, 우리 사이에 공유된 욕망은 대상의 가치에 대한 우리의 믿음을 강화하고 그것에 불을 붙이기 때문이다.

하지만 우리는 왜 타자들이 욕망하는 것을 욕망할까? 지라르에 따르면 인간은 자기가 무엇을 욕망하는지 알지 못하는 존재이기 때문이다.

자기가 무엇을 원하는지를 알아내기란 참으로 **어렵다.**

그래서 인간은 지라르가 '욕망의 중개자' (médiateur)라 부르는 역할 모델을 선택한다. 그런 중개자는 유명인처럼 멀리 있는 인간일 수도 있고 친구처럼 현실 세계에서 가까이 있는 인간일 수도 있다.

그런 다음 인간은 중개자의 욕망을 모사한다.

그런 식으로 개인은 자신이 욕망하는 것이 무엇인지를 **끊임없이** 알아내야 할 필요가 없으니, 이는 **아주 좋은** 일이다.

그러므로 누군가가 어떤 대상을 갖고 싶어하게 만들고 싶다면, 이미 모종의 지위가 있는 제삼자가 이 대상을 욕망한다는 점을 그 사람에게 납득시키기만 하면 된다.

중개자의 위신은 그런 식으로 '욕망된 대상'으로 옮겨져서 대상에 실체 없는 가치를 부여한다.

하지만 이런 반응은 완전히 무의식적으로 이루어지는데, 우리의 문화에서는 '진짜'를 매우 이상적으로 생각하기 때문이다.

우리가 지금 사는 이 시대에는, **자기가 무엇을 욕망하는지를 알기가 이전보다 더 어려워졌다고** 지라르는 생각한다.

우리는 우리를 제약하던 종교와 전통에서 벗어났으며, 여러 면에서 제약 없는 자유를 누린다.

지라르에 따르면, 이런 상황 때문에 우리는 **역할 모델에 훨씬 더 많이** 의존하는데, 그들은 우리의 욕망이 다양한 대상으로 향할 수 있도록 도와준다.

그래서 지금 우리는 모든 금기가 사라진 결과로 모방적 욕망이 **극단적으로 확대되어 제약이라고는 전혀 없이 널리 횡행하는** 시대를 살아가고 있다.

어쨌든! 주체와 역할 모델 모두 똑같은 것을 원하기 때문에, 둘 사이에는 **경쟁** 관계가 성립한다. 지라르는 이를 **욕망의 경쟁 상태** 라고 일컫는다.

다른 사람이 우리의 욕망을 일깨우는 순간, 그 사람은 장애물, 경쟁자로 바뀐다.

따라서 우리는 욕망의 중개자를 **모방하는** 동시에 **그와 경쟁한다.**

지라르는 이렇게 말한다.

"모든 욕망은 경쟁이며 모든 경쟁은 욕망입니다."

따라서 주체는 역할 모델에게 모순된 감정, 즉 순종적 경탄과 강렬한 적의가 뒤섞인 감정을 품는다.

이 모방적 경쟁 관계에서 중요한 구성 요소 한 가지는 **경합,** 즉 역할 모델을 상대로 한 겨룸이다.

지라르는 모방적 경쟁 관계에 대한 이론을 날씬함을 이상적으로 생각하게 된(그리고 거식증의) 기원을 설명하기 위해 쓴다. 하지만 이 이론은 사실 어떤 형태든, 이상적인 아름다움의 기원을 설명하는 데도 쓰일 수 있다.

지라르는 두 사람 사이에서만이 아니라, 사회 전체적인 규모에서 일어나는 모방적 경쟁 관계의 최종 결과인 거식증, 그리고 날씬해지고자 하는 욕망에 대해 설명한다.

지라르는 이렇게 생각한다. 전반적으로 우리 사회의 모두에게는 **몸무게가 가볍기를** 바라는 **강력한** 욕망이 있다. 아마도 이것은 **우리 모두가 동의할 수 있는**, 우리 문화의 **마지막** 공동의 이상일 것이다. **젠장, 날씬한 몸은 정말 멋져!!!! / 정말 5킬로그램을 빼고 싶어.** 우리는 이것을 '건강' 아니면…

…'웰빙' 아니면 '운동' 아니면 무엇이든 원하는 대로 부를 수 있겠으나, 사실은 모두가 날씬해지고자 할 뿐이다. 기본적으로 우리가 행하는 모든 일은 같은 목적을 위해서다. 날씬해지려는 욕망 말이다.

이 모방적 이상이 확정되면, 모두 목표를 달성하려고 다른 사람을 앞지르려 한다. 이 경우에 목표는 날씬해지는 것이다.

우리에게 중요한 것이 무엇이든, 그것이 아름다움이든, 지성이든, 건강이든, 쏙 들어간 배를 갖는 일이든, 언제나 그것을 더 잘 해내는 듯한 사람이 보이기 마련이다.

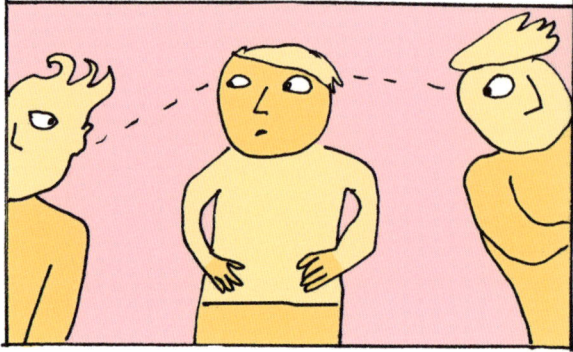

모방적 욕망은 완벽한 존재의 완벽한 몸으로 향한다. 하지만 우리의 상상 속에서 이 완벽한 존재의 아우라는 다른 사람에게서 나온다. 우리는 절대 이런 완벽한 존재가 되지 못한다. 적어도 스스로의 눈으로 보기에는.

욕망은 자기중심적이지만 동시에 타자와 분리할 수 없다.

지라르는 이렇게 말한다.

"가장 중요한 것은 항상 타자입니다.
아무나일 수 있고, 내가 가질 수 없는 완벽함을 갖고 있으며, 어디에나 있지만 아무데도 없고, 언제나 나를 앞지르는 이 말이지요.

'타자'는 넘을 수 없는 장애물입니다."

아니면 또 – 카일리에 대한 모방적 경쟁 관계에 임하는 다른 방법은
카일리를 상대로 한 **승부에 뛰어들어,** 카일리처럼 보이려고 노력하고,
카일리와 같은 스타일로 사진을 찍고, 카일리의 화장품 브랜드에서 나오는 제품을 사는 일 같은 것들이다.
(이것이 카일리를 백만장자로 만든 심리적 메커니즘이다.)

그러니까 우리가 경쟁하고 있는 종목은 '다른 사람들의 성적 욕망 일깨우기'다. 비록 원래의 목표는 잊혔지만 말이다.

이 승부는 마치 한쪽 젠더만 격리된 환경에서 여성들이 다른 여성을 상대로 경쟁하는 일종의 스포츠 같다.

카일리의 인스타그램에 글을 남기는 사람들의 대부분은 카일리의 외모를 찬양하는 여성들이다.

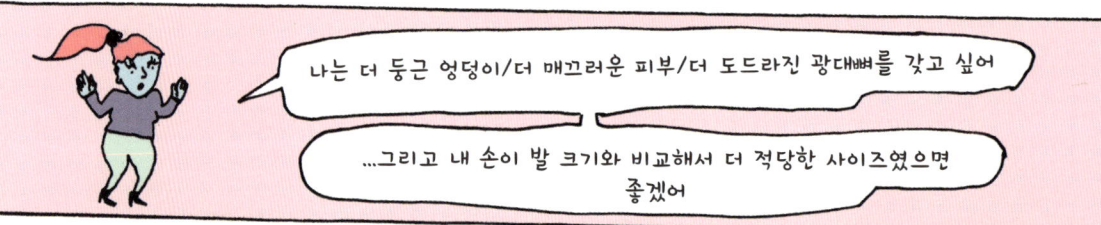

그러니까 이 여성의 목표는 모든 남성이 자신과 섹스하기를 원하게 만든다거나 최대한 많은 수의 남자들과 섹스하려는 게 아니다. 그저 자기가 하는 스포츠에서 같은 종목에 있는 다른 여성들에 견주어 최고가 되는 것이다. 즉 이 다른 여성들이 경기의 주요한 관중이자 같은 경기를 하는 선수인 것이다.

그리고 이 스포츠는 아주 재미있다!
(자기 자신을 최대한의 성적 매력이 있는 존재로 꾸미려고 노력하는 것)
하지만 역시 힘이 들기는 한다!!!!!

그리고 쇼핑하는 일 말고는 다른 사회적 프로젝트가 없는 우리의 후기 자본주의 소비 사회에서는 이런 메커니즘들이 **최대치로 작동**해서 **자동적이고, 기계적인 욕망을 만들어내고 조직하는 수단이** 된다. 이런 사회에서는

유명인사에 대한 더 많은 집착과 더 많은 강박적 소비를

향한 멈출 수 없는 움직임 속에
욕망 모사, 질투, 원초적인 경쟁 본능이 공존한다.

아마도, 나의 친구들이여!!!
아마도 그렇다는 것이다!!!!!!

그런데 내가 **왜** 당신을 보고 있는지가 그렇게 중요해?

난 그냥 당신을 계속 보고 있고만 싶을 뿐.

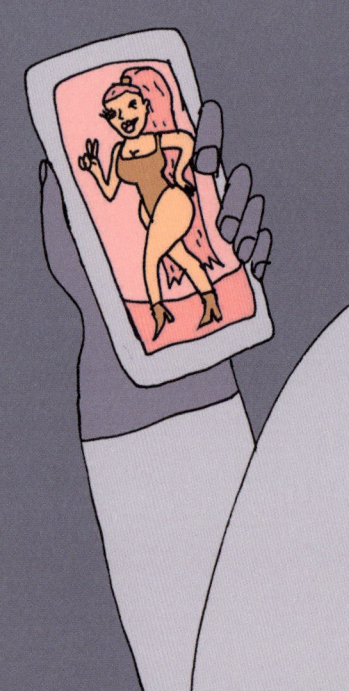

LEAS FULA ÖGON

레아의 못생긴 눈

『구약성경』의 「창세기」에는 야곱이 동방 사람의 땅에 있는 우물에 갔다가, 우물가에서 양떼에게 물을 먹이는 라헬을 만나는 이야기가 나온다.

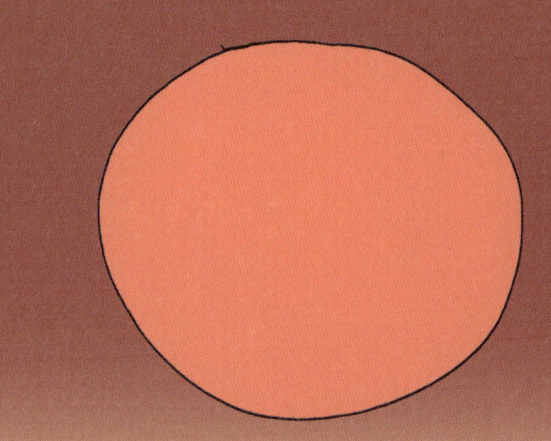

야곱은 라헬과 함께 라헬 아버지의 집으로 간다. 라헬에게는 레아라는 언니가 있다.

성경엔 이렇게 나온다. "레아의 눈은 생기가 없었지만, 라헬은 몸매도 예쁘고 모습도 아름다웠다."

나는 레아의 눈에 생기가 없었다는 말이 무슨 뜻인지 잘 모르겠다. 1917년 판 스웨덴어 성경에는 레아의 눈이 "기운 없었다"고 나온다.

그보다 전에 나온 성경에는 레아의 "눈이 허약하다"고 묘사된다.

어느 스웨덴어 사전에 따르면, 이 말은 '약시', '찡그린 눈'을 뜻한다고 한다.*

'눈을 찡그리다'는 기분이 언짢아 뚱한 표정을 하고 있다는 의미도 되고 눈물이 맺혔다는 뜻도 되는데?!

어쨌든... 레아의 아주 못생긴 눈은 "몸매도 예쁘고 모습도 아름다웠다"는 라헬와 대비된다. 그러니까 레아는 적어도 라헬만큼 예쁜 몸매도, 아름다운 모습도 **아니었다**는 것이다.

* '눈이 허약하다'(klenögd)라는 뜻의 스웨덴어 단어에는 '약시'(svagsynt), '눈을 찡그리다'(surögd)라는 의미도 있다.

그다음에는 이렇게 나온다. "야곱은 라헬을 사랑하고 있었다."

야곱은 라헬과 결혼하고 싶어서, 라헬의 아버지가 하라는 대로 그 집에서 7년 동안 일한다.

하지만 결혼하는 날이 되자, 라헬의 아버지는 라헬 대신 레아를 야곱과 결혼시키는데, 그곳 관습으로는 맏딸을 먼저 결혼시켜야 했기 때문이다.

라헬과도 결혼하려면, 야곱은 라헬 아버지 집에서 7년을 더 일해야 한다.

성경은 이렇게 이어진다. "야곱은 라헬과도 한자리에 들었다. 그는 레아보다 라헬을 더 사랑하였다."

야곱은 라헬이 더 예뻐서 라헬을 더 사랑하였다.

이 이야기는 우리가 인간으로서 처한 상황이라는 고통스러운 현실을 확실히 짚어준다. 즉, **예쁘게 생기면** 다른 사람의 사랑을 받을 가능성이 더 크다는 현실 말이다.

'내 모습은 어떤가'나 '나는 얼마나 아름다운가'는 '누가 나를 사랑하게 될 여지가 얼마나 있는가'나 '내가 원하는 사람을 얻을 여지가 얼마나 있는가'와 연관되어 있다. 물론 이 점은 이 주제를 둘러싼 감정에 강하게 영향을 미쳐 스트레스를 준다.

하지만 '내 모습' 그리고
'내가 사랑을 얻을/결혼할/사귀는 사이가 될
/사귀는 사이가 지속될 가능성'이

얼마나

강하게 연관되어 있는지는

사회 체계에 따라
제각기 다르다.

스테파니 쿤츠는 『진화하는 결혼』에서, 한 집단이 다른 집단들과 네트워크와 동맹 관계를 만들기 위한 것이었던 결혼의 원래 기능이 **어떻게 진화했는지**에 대해 이야기한다.

시간이 흐르자 결혼은 재산, 유산 그리고 사회적 지위를 분배하는 데 가장 중요한 요소이자 **수단으로 진화했다.**

결혼의 경제적 기능은 하층민과 중류 계급에게 무척 중요했던 반면에, 상류층에서는 무엇보다도 결혼의 **정치적** 기능이 가장 중요했다.

쿤츠는 중세 시대 서양에서 어떻게 결혼이 여러 가문 사이에서 정치적 영향력을 획득하고 다양한 정치적 동맹을 맺는 수단으로 사용되었는지를 설명한다. 카롤루스 대제의 애정 관계는 이에 대한 뚜렷한 예시가 된다.

카롤루스 대제, 혹은 샤를마뉴는 때로 '유럽의 아버지'라 불리는데 로마 제국의 멸망 이후 처음으로 서기 700~800년대에 그의 제국이 서유럽을 통일했기 때문이다. 그런데 그는 어떻게 그렇게 했을까? 그렇다, 그는 결혼을 통해 제국을 **키웠다**.

처음에 그는 히밀트루데라는 여성과 결혼했다.

하지만 나중에 그는 랑고바르드 왕국과 정치적 동맹을 맺고 싶어졌다. 그래서 히밀트루데를 쫓아내고 대신 데시데라타라는 랑고바르드 공주와 결혼했다.

하지만 1년도 못되어 그는 라인 강 너머 동쪽 지역과의 동맹이 필요하단 생각이 들었다. 그래서 그는 데시데라타를 내쫓고 대신 힐데가르트라는 독일 귀족 여성과 결혼했다.

힐데가르트가 세상을 떠나자, 카롤루스 대제는 작센족과 전쟁을 하기 때문에 프랑크 왕국의 내부 결속이 필요하다는 생각이 들어서, 왕국의 유력한 가문의 딸인 파스트라다와 결혼했다.

파스트라다가 세상을 떠나자, 그는 교황의 방문에 대비해서 루이트가르트라는 여성과 서둘러 결혼했는데, 기혼자인 편이 교황에게 더 좋은 인상을 줄 수 있기 때문이었다.

핵심은 카롤루스 대제가 이 아내들의 외모에는 조금도 신경을 쓰지 않았다는 점이다!!!!
여러 차례 결혼한 목적은 단지 이런 동맹을 통해 정치적으로 여러 가지 이점을 얻는 것일 뿐이었다.

"상관없어!"

이 여성들의 외모가 중요하지 않았던 것은, 그녀들의 혈통과 정치적인 활동 때문이었다.

주의하자! 그렇다 하더라도, 물론 외모는 왕이 실제로 누구와 **동침**하는지에 관해서는 중요했는데, 당연히 결혼 상대와 동침 상대가 같지는 않았기 때문이다. **하지만** 결혼이 제공하는 법적, 경제적 및 정서적 안정을 **얻을 수 있느냐는** 그 사람의 성적 매력과 **직접적인** 관련은 없었다.

반면, 쿤츠에 따르면, 비잔티움 제국에서 외모는 다르게 기능했다. 비잔티움 제국은 중앙집권적 신정 국가였으므로 황제의 지위와 권력이 훨씬 탄탄한 위치에 있었다. 그래서 강한 권력을 가진 황제는 여자의 가족 관계 때문에, 아니면 정치적 동맹을 맺기 위해 아내를 택할 **필요가** 없었고, 여성의 외모를 중시하며 아내를 선택할 수 있었다.

비잔티움의 지배자들은 오늘날의 미인 대회를 연상시키는 '신부 쇼'에서 아내를 선택했다.

제국 전역에서 온 황비 후보들이 황제 앞에 줄을 섰고, 황제는 사회적 계급과 상관없이 자기 마음에 드는 여성을 누구든 선택할 수 있었다.

하지만 미모로 신부를 선택한다고 해서 가족의 간섭이 줄지는 않았던 모양이다. 기록에 따르면, 신부들을 보고 누가 가장 아름다운지를 결정하는 일은 자주 황태후의 몫이었다.

콘스탄티노스 6세가 신부를 고를 때 열렸던 신부 쇼에 대해 현존하는 얼마 안 되는 기록 중 하나에는, 황제의 어머니인 이리니 황태후가 신부를 결정했다고 나와 있다.

열세 명의 후보 중에서 황태후는 암니아의 마리아라는 아르메니아 여성을 선택했다. (아쉽게도, 이 때문에 신부 쇼에 대한 이 섹시한 일화가 무척이나 덜 섹시해지고 말았다.)

하지만 콘스탄티노스는 아주 만족스럽지는 않았고, 몇 년 후에 마리아를 어느 섬의 수도원으로 보내서는 가두어버렸다. 황태후의 시녀였던 테오도테와 결혼하고 싶어서였다.

따라서, 동로마에서는 우연히 주어지는 조건인 '아름다움'을 지닌 여성들이 부자와 결혼하기 더 쉬웠으며,

반면에 서로마에서는 우연히 주어지는 조건인 '상류층 가문 출신'인 여성들이 부자와 결혼하기 더 쉬웠다는 것이다.

사회가 훨씬 더 복잡해지고 다양화되면서, 상류 계급은 때때로 입고 움직이기 어려운 옷, 무거운 장신구, 지나치게 긴 손톱 등 여성들이 몸을 움직이기가 힘들어지는 아름다움의 규칙이나 행동을 도입함으로써 자기들의 부를 과시했다. 이것은 이전에는 한 가족이 부인들과 딸들이 하던 일을 대신할 노예들을 소유했다는 사실을 보여주는 하나의 방법이었다.

이렇게 여성들이 부유하며 일할 필요가 없다는 사실을 보여주는 외형적 특징들은 남성들에게 무척 매력적으로 여겨졌다.

이는 사실 역사적으로 꽤 오랜 동안 출신이 변변찮은 남자가 신분이 더 높은 여자와 결혼함으로써 생활이 더 나아지는 좋은 기회가 있었다는 사실에 기인했다. 쿤츠는 이렇게 말한다.

오늘날 우리는 여자들만이 '결혼으로 신분 상승을 할 수 있다'고 믿는 경향이 있는데, 과거에 있었던 많은 사회에서 결혼을 통해 부와 권력을 구하려 했던 쪽은 남자였습니다.

'대박 결혼'이란 세상을 떠났거나 곧 세상을 떠날 왕의 딸과 결혼해서, 왕위를 승계할 기회를 잡는 것이었다. 바보 한스, 남자 신데렐라 또는 젊은 노예들의 이야기 등 이런 주제를 다루는 민담이 많다. 아무도 그들의 가능성을 믿지 않으나 이야기의 결말에서 그들은 꾀를 부려 공주와 결혼해서는 왕국의 절반을 차지하는 것이다.

아니, 그러니까... 저는 잿더미에 치즈를 굴렸고

...마법의 거위를 손에 넣게 되어가지고...

...요약하자면, 저는 결혼해서 엄청난 **부자**가 됐어요.

이것이 바로 불편한 긴 머리, 신으면 걷기 어려운 신발, 길어서 방해되는 손톱 같은 것들이 **오늘날에도 여전히** 무척 매력적인 여성의 특질로 여겨지는 이유다.

이것이 우리 모두가, 예를 들면 카디비의 모습에 넋을 잃는 이유에 대한 역사유물론적 해석이다.

카디비를 계속 보고 있을 거야!!!

뇌 속에서 작동하는 무의식: 카디비의 손톱은 그녀가 육체노동을 할 필요가 없음을 알려준다
= 우리가 동맹을 맺으면 나도 노동에서 벗어날 수 있다
= 나는 불나방처럼 그녀에게 이끌린다.

그런데 지금 우리가 무슨 얘기 하고 있었더라?

그렇다. 우리는 '나는 얼마나 멋진가'가 '내가 누군가와 사랑에 빠질 가능성은 얼마나 되는가' 또는 '내가 원하는 상대를 얻을 가능성은 얼마나 되는가' 아니면 '내 연인이 나보다 더 성적 매력이 있는 사람에게 가려고 나를 떠날 가능성은 얼마나 되는가'와 연관된다는 점을, 하지만 '나의 외모'와 '내가 사랑할/결혼할/누군가와 사귈/연인 관계를 오래 유지할 가능성' 간의 연관성이 **얼마나** 강력한가는 **다양한 사회 체계에 따라 다르다**는 점을 이야기하고 있었다.

그리고 바로 지금
우리가 사는 사회에는
'멋진 외모를 갖기'와
'사랑하기'라는 변수 사이에
너무나 강력한 연관성이,
어쩌면 세계 역사상 가장
강력할지도 모르는
연관성이 있다.

왜?!!

그렇다, **오늘날에는** 부부가 될 때 어머니가 신부 쇼에서 아들에게 알맞은 상대를 고르거나, 친척이 어울리는 상대를 찾아주는 일 같은 건 **없다.** 대신에 우리는 우리의 감정에 따라 애정 관계를 시작하거나 끝낼 수 있다.

서로에게 애정/성적 매력을 느끼는 일을 제외하면 누군가와 커플이 되는 데는 **실질적인 의미**나 **기능**이 더는 없다. 그러므로 지금은 그 사람이 얼마나 멋진지/성적 매력이 있는지가 물론 **더 중요해지는데,** 그것이 그 사람과 함께하는 유일한 이유이기 때문이다!

이로 인해 결과적으로 우리의 관계는 훨씬 **더 깨지기 쉬워졌다**. 즉 인간관계는 언제든지 끝날 수 있게 되었다.

사회학자 지그문트 바우만은 심지어 사람 사이의 **깨지기 쉬운** 유대가 유동하는 현대사회의 **결정적인 특성**이라고 한다.

사회적 관계가 언제든 해체될 수 있다는 점에는 물론 **긍정적인 면**이 있는데, 예를 들면 지긋지긋한 멍청이 곁을 떠날 수 있을 때 그렇다. 그러나 물론 **부정적인 면**도 있다. 타자와 맺고 있는 관계에서 원하지 않는데도 단절당할 수 있다는 점이다. 바우만은 이렇게 말한다.

우리 삶에 이런 측면이 있기 때문에, 우리는 **영구적인 불확실성** 속에서 살고 있다고 말할 수 있다.
우리가 의지할 수 있는 것은—우리의 **안전장치**—
그 사람이 가진 **매력의 정도가** 되며, 만일 성적 매력을 많이 가지고 있다면 버림받음이라는 은유적 죽음으로부터 더 안전하다고 느낄 수 있고, 다른 사람을 만나 새로운 삶을 함께할 가능성도 높아진다.

(아쉽게도 성적 매력이라는 성질은 나이가 들수록 사라지기 때문에 의지할 수 있는 단단한 안전장치는 아니다.)

결과적으로는 어쨌든, 은유적인 죽음에 대한 위험을 줄이고 성공적인 재림의 기회를 늘리기 위해, 평생 동안, 끊임없이, 훌륭한 성적 매력을 가져야 한다는 압력이 더 커진다.

'나는 어떻게 생겼는가'가 점점 더 중요해진다는 사실은 또한 소비사회의 부상이나 소비사회와 섹슈얼리티의 혼융 같은 다른 요인에서도 기인한다.

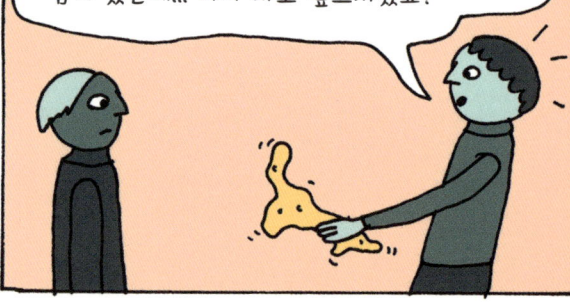

그리하여 섹슈얼리티는 소비문화 및 사적 정체성을 특징 짓는 다양한 소비 대상들로 발전했다. 섹슈얼리티는 미디어에서 부지런히 이용하는 아름다운 자아의 이미지였으나, 또한 여러 가지 도구, 전문가의 조언, 의약품을 필요로 하는 일종의 능력이기도 했다.

요컨대 섹슈얼리티란 폭넓은 소비 상품을 통해 자기 자신을 연출하는 것이 목적인 프로젝트가 되었다. '내면의 나를 표현'하는 것— 아주 다양한 상품의 <u>**구매**</u>를 통해서 말이다.

성의 혁명이 있기 **전에는**, 그리고 소비문화와 섹슈얼리티가 결합되기 전에는, 약 1600년 동안 '정숙'한 것이 **엄청나게 중요했던** 시기가 있었다.

모든 것이 바뀌게 된 1960년까지, 이러한 일은 이어졌다.

성도덕의 이러한 **전환**에는 피임약의 발명이 크게 기여했다. 그전에는 섹스로 인해 탄생한 아이들을 돌봐야 했기에 섹스를 결혼 관계에서만으로 한정하는 규범을 지키는 것이 사회의 여러 계층 사람들의 관심사였다. **그러나** 피임약이 발명된 후에는 섹슈얼리티를 규제할 필요성이 없어졌다.

여하튼... 에바 일루즈는 이런 전환—순결한 것이 더 이상 높은 지위가 되지 않음—은 섹슈얼리티 자체가 **새로운 종류의 사회적 지위와 능력**으로 발전되었음을 의미한다고 말한다.

섹스는 다양한 경험을 쌓고 여러 많은 파트너를 만날 수 있는 영역으로 받아들여지기 시작했다.

이런 전환은 또한, 매력적인 사람이 되거나 자기 스스로를 성적 욕망을 일으키는 사람으로 연출하는 **능력**이 이전보다 **더 중요해졌다**는 의미다.

따라서 성적 욕망을 일으키려는 목적으로 신체적, 언어적, 외형적 표지들을 의식적으로 사용할 수 있는 **능력**은 개인이 가진 중요한 비결의 형태가 되었다.

여러분은 알고 있다!!!!

따라서, 요약하자면... 이렇다.

아주 까마득한 옛날에는,

누군가와 결혼하기 위해서 멋지게 생길/성적 매력이 있을 필요가 없었다.

...예를 들어, 저는 눈이 정말 놀라울 정도로 못생겼지만 그래도 결혼해서, 가족이 있고, 생계를 부양하는 사람도 있고 일종의 안전을 보장받는데, 이는 아버지와 공동체 전통이 결혼을 결정하기 때문이지요.

그러니까 저는 성적 매력도가 엄청나게 낮지만 그것이 장기적으로 혼인 관계를 유지하는 데는 아무런 장애가 되지 않아요.

정확히 하자면, 장기 일부다처제 혼인 관계!!

그리 까마득하지는 않은 옛날에는, (1940년대처럼)

결혼할 상대를 찾기 위해서 멋지게 생길/성적 매력이 있을 필요가 있지만, 손가락에 반지를 낄 때까지 반년 정도만 그러면 되었다.

...그러고 나면 옛날 코믹 만화에 나오는 여자들처럼 행동해도 되는데, 말하자면 결혼식이 끝나고 5분이 지나면 머리에 말린 헤어롤을 절대 안 빼는 심술쟁이 아줌마로 바뀌는 거죠.

당신이 뭐 어쩔 건데, 고소라도 할 거야?

당연히 아니지! 난 그냥 오늘 '늦게까지 일할 건데' 우리 둘 다 알다시피 이 말은 '비서랑 바람을 피운다'는 뜻이지만 내가 당신을 먹여 살리니까 **당신은** 내가 그런다고 해도 아무것도 할 수 없어.

성의 혁명이 시작되고 소비사회가 도래한 이후에는,

사랑을 얻기 위해서는 성적 매력이 있을/멋질 **필요가 있는데**, 사랑의 시장은 모두가 모두를 상대로 경쟁하며 가장 멋진 사람이 승리하는(가장 많은 섹스와 사랑을 획득하는) '자유 시장'으로 규제 완화되었기 때문이다.

저는 **항상** 성적으로 매력적이어야 하는데, 우리는 극단적으로 성적 대상화된 사회에 살고 있으며, 제 파트너는 언제라도 더 매력적인 사람에게로 갈 수 있기 때문이죠.

저 역시 언제라도 제 파트너를 떠나서 더 성적으로 매력적이거나 다른 면에서 더 나은 사람에게로 갈 수 있어요. 제가 항상 예쁜 외모를 **유지한다면요**.

그리고 우리는 이제 이 단계에 와 있다 ↓

후기자본주의에서는,

비록 전혀 사랑을 원치 않는다거나 애정 관계를 맺고 살아가는 데 흥미가 없더라도 성적 매력은 있어야 하는데,

'성적 매력'은 파트너를 유혹하는 원래 기능에서 분리되어, 대신 **우리의** 사회적 지위, 말하자면 인간으로서의 가치를 표시하는 기능을 갖게 되었기 때문이다.

우리가 애정 관계에 속해 있든 아니든, 아니면 자발적으로 싱글이든,

아니면 파트너가 절대 떠나지 않을 것이라 100% 확신하고 있는 견고한 커플이든, 어쨌든,

사회의 다른 사람들보다 성적 매력이 덜하다면 **그래도** 불행할 수 있는데, 왜냐하면 **사회적 지위가 낮다는 데서 오는 불분명한 감정**이 생겨날 것이기 때문이다.

SPÖK-LIKA SPÅR

허깨비 같은 자취

대체 여기서 무슨 일이 일어나고 있는 걸까?

이것은 어쩌면 세계에서 가장 상징적인 사진 촬영일 터다.

매릴린 먼로가 서른다섯이었던 1962년 6월, 그녀는 로스앤젤레스 벨에어 호텔에서 사흘에 걸쳐 사진을 찍었다.

촬영은 강도 높게 진행되어, 무려 2600여 장의 사진이 찍히는데,

24시간 내내, 밤이고 낮이고 계속 이어지다가,

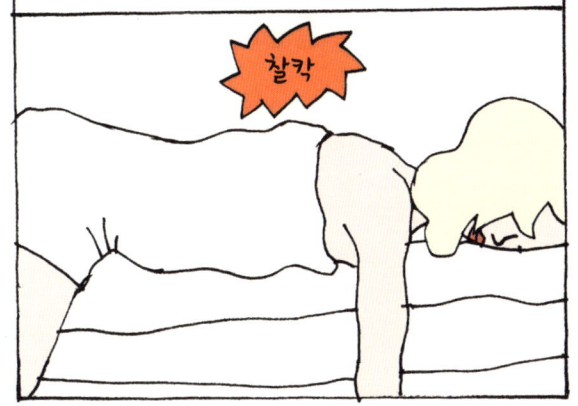

먼로가 이른 아침 기진맥진해 잠들고서야 비로소 끝난다. 이 모습을 담은 사진도 있다

촬영이 끝나고 6주 후에 먼로는 약물 과다 투여로 사망했다.

그런데 먼로를 보고 있는 사람은 누구일까?

버트 스턴이라는 사진작가다.

먼로는 사진을 현상하기 전에 네거티브 필름을 보고는 마음에 들지 않는 자신의 사진에 주황색 펜으로 X자 표시를 했다.

먼로가 X자 표시를 했던 이 사진들은 현재 모두 현상되었고, 전 세계에서 출판되거나 갤러리에 전시되었다.

어머나 세상에 먼로가 직접 저 X자를 그었어!

찰칵

와우 정말 숨넘어가게 멋지다

그 후 53년이 지나고 나서

다른 서른다섯 살 여성이 자신을 찍은 사진이 많이 들어 있는 책을 출간했다.

킴에게는 "당신은 아름다워요" 하고 말해주는 사진작가가 필요 없는데, 자기가 아름답다는 점을 직접 볼 수 있기 때문이다.

사람들이 킴의 사진에 매료되었다는 이유로 들어오는 돈이라면, 그녀는 모두 자기 주머니에 넣을 수 있다.

킴은 약물 중독자가 아니다. 전용 체육관에서 운동하며, 엄청난 부자기도 하다.

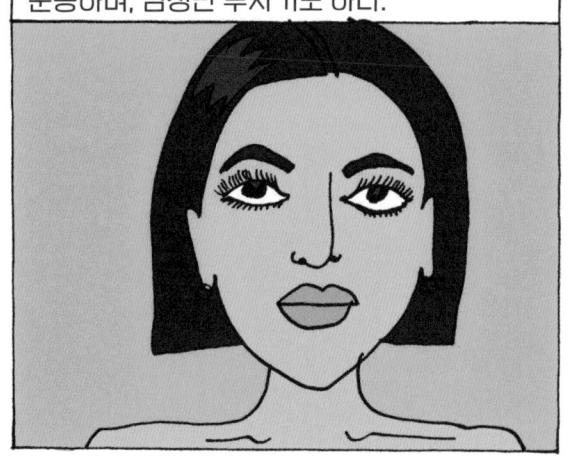

킴은 사람들이 감옥에서 해방되도록 돕는다.

제가 교도소 개혁을 지지하는 이유는…

1960~70년대에 자기 아내 혼자 집에서 아이들을 돌보는 동안 자기는 모델 둘과 섹스 하려고 정맥에 암페타민을 주사하곤 했던 발정 난 바람둥이는 이제 필요 없다.

아니면, 아마도 이렇게 말할 수도 있겠다. **킴이 암페타민을 하루에 세 번이나 정맥에 주사하는 바람둥이처럼 음탕한 시선으로 자기 자신을 바라보는 능력을 개발해냈다고.**

사진을 찍음으로써, 우리는 **무엇이** 사진 찍을 가치가 있는지, 그리고 또 **누가** 사진 찍힐 만큼 아름다운지를 결정한다.

자기 자신을 찍음으로써 우리는, 킴이 그랬듯, 스스로 가치 평가를 하고 자기 자신이 아름답다고 결론 내릴 수 있다.

하지만 자기 자신이 아름답다고 생각하는 것, 그리고 누군가가 그 사실을 안다는 듯이 행동하는 것은 문화적으로 커다란 변화다.

사실, 서양에는 약 1900년에 걸쳐 내려온 오랜 전통이 있다. 여성이 스스로를 아름답다고 생각하거나, 자신이 아름답다는 사실을 알아서는 안 된다는 것이다.

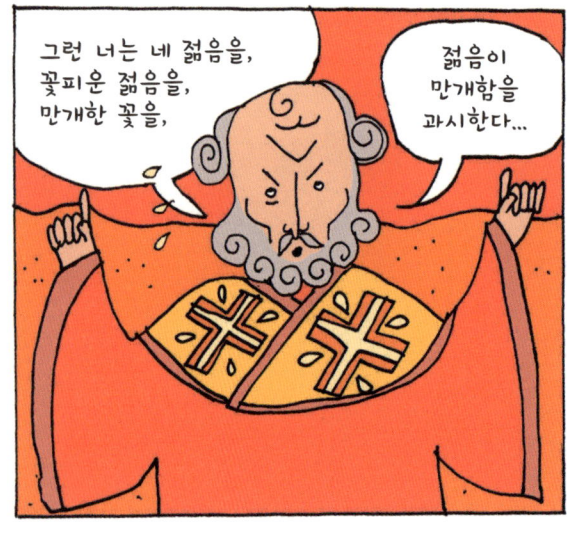

역사적으로 기독교에서 '스스로 멋지다고 생각하는 일'은 무척 중대한 죄인 교만으로 여겨졌으며, 교만은 대죄*였다. '교만'은 역사 이래 줄곧, 거울을 보는 여성의 모습으로 그려졌다.

* 로마가톨릭교회에서 쓰이는 용어로, 고해성사를 통해 회개하지 않으면 죽을 때 신의 구원을 받지 못하고 저주를 받는 심각한 죄.

* '교만'이라는 뜻

신학자 L. 베이에를링크는 (거울을 더 흔히 사용하게 된) 17세기 초에 이렇게 말했다.

거울을 보며 교만과 외모를 가꾸는 자들은 영혼에 병을 키우는 것입니다.

근대 이전에는 외모를 치장하는 데 많은 시간을 들이고 신경을 쓰는 사람은 신에게 벌을 받거나 응징 당할 위험이 있다는 생각이 널리 퍼져 있었다.

예를 들어 18세기 초 스웨덴에서는, 프랑스에서 유행한 머리 스타일인 '퐁탕주'가 들어온 일을 둘러싸고 도덕적 공분이 일었다.

'퐁탕주'는 루이 14세의 애첩 앙젤리크 드퐁탕주가 고안한, 리본, 레이스와 꽃으로 만든 머리 장신구였다.

다수의 스웨덴 성직자들은 이 머리 장식물이 교만의 상징이라는 점에 같은 의견이었다.

1715년 스웨덴 서부 베스테르예틀란드의 어느 동네에서 기형아가 사산되었다. 그 사목구의 성직자는 기형아의 머리를 그림으로 그리며 '퐁탕주'가 떠오른다고 생각했다. 그에 따르면 이는 신의 불만을 담은 메시지로 해석되어야 하는 것이었다.

그 성직자는 또한 이 사건에 대해 '퐁탕주 설교'라는 경고의 노래를 지었다. 이것은 스웨덴이 신의 형벌을 더는 겪지 않도록 여성들에게는 머리를 높이 올려 꾸미기를, 남성들에게는 머리카락에 분칠을 그만두라고 하는 내용이었다.

여성들에게는, 예뻐지려고 꾸며서는 절대 안 된다는 점과 **동시에, 그럼에도 아름다워야 한다는 요구**가 있었다.

아름답지 않거나 보기에 기분 좋지 않은 여성은 잘못된 행동을 하거나 잘못된 존재로 여겨졌다. 1762년 루소가 『에밀』에 썼듯이 말이다.

스웨덴의 관념사학자 레이프 류네펠트는 이를 '여성의 미적 의무'라고 하며, 이는 역사적으로 내내 있었던 현상이고, 오늘날까지 존재한다고 말한다.

류네펠트는 이렇게 말한다. "미적 의무가 여성에게 있다는 것은, 여성의 행동과 소비에 특별한 요구가 주어지는 동시에, 선을 넘은 여성이 허영심 있는 것으로 비춰지기 쉽다는 의미였다."

미인이되 요부는 아니어야 하는 것 사이의 균형 잡기에서 가장 중요한 부분은 여성이 자신의 아름다움을 <u>스스로 알지 못해야 한다는 데에</u> 있다.

1779년의 잡지 『덴 스벤스케 스펙타투르』에는 자기 딸들에게 아름답다고 이야기한 부모를 비난하는 기사가 실려 있다.

기사를 쓴 이는, 소녀들이 자기 자신의 아름다움을 **너무** 의식하는 이런 상황은 사회생활에 무척 부정적인 결과를 초래할 위험이 있다고 생각했다.

"한번 팔찌를 차고 아름다운 팔을 훤히 드러내고 나면, 다음번에는 목걸이, 아니면 화환을 목에 두르고 밀가루처럼 흰 목을 드러낼 것"이라고 기사에는 쓰여 있다.

그러니까 이 소녀들은 자기들에게 어떤 멋진 신체적 장점들이 있다는 **얘기를 들었고**, 그 결과 장신구와 꽃으로 이 아름다운 신체 부위들에 대한 관심을 끌어보려 했는데, 이것이 끔찍한 잘못으로 여겨졌다는 말이다.

여성이 자신이 아름답다는 사실을 알아서는 안 되며, 의식적으로 자신을 아름답게 꾸며야 한다는 도덕적 규범이 남성에게 이로웠다는 점을 이해하기 위해서 굳이 아인슈타인처럼 똑똑할 필요는 없다. 왜냐하면 이는 여성이 아름다움을 통해 얻는 권력을 자신의 목적을 위해서는 사용할 수 없었고, 대신 남성이 여성을 발견하고, 인정하고, 떠받들어주기를 기다려야 했다는 뜻이기 때문이다.

그런 관점에서 보면, 킴이 자기 자신을 촬영했다는 것에는 진보적인 면이 있을 수도 있다.

킴은 여성의 미적 의무를 위반하고 있지는 않지만(사실, 킴은 그 의무를 지구상의 그 어떤 여성보다 **더 잘** 이행한다) 자기 촬영이라는 행위를 통해 여성이 자신의 아름다움을 안다는 사실을 내보이면 안 된다는 규범을 깨고 있다.

킴이 찍은 사진은 스턴이 찍은 먼로 사진과 **다른** 종류의 것이 아니다. 킴은 남성의 시선을 제거하지 않고 **전유**하고 있으며, 여성의 육체가 가진 성적 매력에 대한 인류의 영원하고도 변하지 않는 집착에서 생산될 수 있는 경제적 이익을 직접 획득한다.

따라서 이런 식으로 보면
이는 꽤 재미있고
좋은 문화적 발전이다.

하지만 아래 열거하는...
꽤 재미있고 나쁜
문화적 발전이기도 하다.

그러니까, 우리는 **지금** 사진을 통해, 너무나 빠른 속도로 다른 사람들과 소통하는 시대에 살고 있는 것이다.

우리는 로맨틱한 관계를 만들고, 서로의 활동을 좇는데, 이 모든 일이 사진, 이미지, 동영상을 통해 일어난다.

모든 사람들이 언제나 카메라를 손에 들고 있다.

사진! 사진, 사진, 사진.

수전 손택이 명명한 대로, 이는 허깨비 같은 자취다.

이런 폭발적인 사진 생산의 효과는 역시... 사물이나 사람이 **어떻게** 생겼는지가 극도로 중요해졌다는 점이다.

수전 손택은 이렇게 말한다.

카메라는 (...) 겉모습의 가치를 엄청나게 높여버렸습니다.

카메라가 기록한 대로인 겉모습을.

(그러니까 – 실물이 **어떤가**보다는 사진에 **어떻게** 찍혔는지가 중요한 것이다.)

페미니스트 작가 나오미 울프는 심지어 카메라가 역사에 등장하고서야 비로소 여성의 아름다움이 하나의 **문제**가 되었다고 생각한다.

산업혁명 이전에는 일반 여성에게 지금 우리와 똑같은 '아름다움'에 대한 개념이 **있을 수 없었다**고 울프는 생각한다. 아마도 교회의 성화 말고는 다른 여성들의 이미지를 보지 못했을 것이기 때문이다.

카메라가 역사에 등장하고 나서야 비로소 여성의 아름다움이 하나의 **문제**가 되었습니다.

비록 그때도 여성의 아름다움은 관심거리였을 테지만, 사진 예술의 등장 이전에는 '이상'적인 아름다움이란 훨씬 덜 획일적인 형태였을 거라고 상상할 수 있다.

그러니까 어쩌면 '마을에서 가장 멋지다'고 여겨지는 여성이 마을마다 **하나씩** 있었겠지만, 이런 여성들의 모습은 서로 꽤 달랐을 수도 있다는 것이다.

다리가 짧음 / 다리가 긺 / 들창코임 / 매부리코 여성 / 작은 눈, 둥근 얼굴 / 등등!

이 여성들은 또한 사진으로는 담을 수 없는 요소들 때문에 아름답다고 여겨질 수 있었다.

훌륭한 성품 / 매력적인 웃음소리 / 고운 목소리 / 아름다운 걸음걸이 / 대화를 나눌 때 경청하는 태도 / 향기로운 숨결 / 말이나 글로 표현할 수 없는, 무어라 하기 힘든 성적 매력 / 등등!

(사진은 물론 내면의 아름다움에는 초점을 맞추지 못한다.)

하지만, (울프가 생각하기에는) 1830년대에 아름다운 여성을 담은 최초의 광고와 성매매 여성들을 찍은 최초의 누드 사진으로부터 사진 예술이 발전하기 시작했을 때부터, 패션 잡지와 인터넷까지, 그리고 우리 시대의 총체적인 이미지의 **제국**에 이르기까지, 이 모든 것이 '아름다움'이라는 범주를 훨씬 더 획일적으로 만들었다.

'아름답다'는 것은 점점 더 '사진 같다'는 말과 같은 뜻이 되어버렸다.

그러니까 **우리** 나름의 아름다움—개인의 특성을 바탕으로 나름의 방식으로 아름답다는 것—은 **얼마나** 이상형과 닮았는지에 비해 덜 중요해진다.

결과적으로 근대성, 그리고 모든 것이 계산 가능하다는 점이 이상적인 아름다움을 표준화하는 데 작용한 것이 분명하다.

예를 들어 측정 기술의 도입으로, 우리의 체질량지수*, 키, 몸무게, 가슴둘레 등을 정확한 숫자로 알 수 있다는 사실로 인해 우리는 아름다움을 더욱 분명히 규정하게 되었으며, 그 규정을 충족하느냐 충족하는 데 실패하느냐에 대한 기준도 명확해졌다. * 비만의 정도를 나타내는 지수.

따라서, 오늘날 우리가 사는 총체적인 이미지의 제국에서는 여성의 아름다움에 대한 이상이 훨씬 더 표준화되었으며, 이상이 규정한 것에 맞지 않는 개개인의 특성들을 성형수술로 없애버리기도 점점 더 쉬워졌다.

그러므로(역설적으로), 아름다운 여성들의 이미지가 점점 더 많이 생산될수록 이상은 점점 더 획일화되며, '아름다운' 여성들은 점점 더 비슷해 보이게 된다.

(소셜 미디어가 없던) 1970년대에 손택은 『사진에 관하여』에서 이렇게 말한다.	손택은 말했다.
오늘날 모든 것은 사진에 담기기 위해 존재합니다.	카메라를 소유한다는 것은 한 사람을 능동적인 사람, 엿보는 사람으로 바꿉니다. 사진을 찍는다는 것은 세계와 나 사이에 만성 관음증적 관계를 설정합니다.

그리고 소셜 미디어/셀카의 사회에서

우리는 우리 자신과
만성 관음증적
관계를 설정했다

셀카에서 결정적인 것은 셀카를 찍어 올리는 **장소**다.

셀카를 올리는 장소는 거대 첨단 기술 기업의 소유다. 그런 기업이 하는 일은 사람들이 휴대폰에서 눈을 떼고 싶어 하지 않도록 최면을 거는 것이다.

플랫폼의 디자인은 그곳에 올라오는 사진으로 인해 어떤 감정이 일어나는지를 통제한다.

'좋아요' 버튼은 사진에 대한 반응을 규정하며, 이 버튼은 이미 정해진 감정을 제공한다.

사진을 올리는 **목적**은 '좋아요'라는 감정을 일으키는 것이다. 우리가 바라는 것은 **승인**(좋아요, 공유, 리트윗 등)이다.

감정:
"나 이거 좋아."

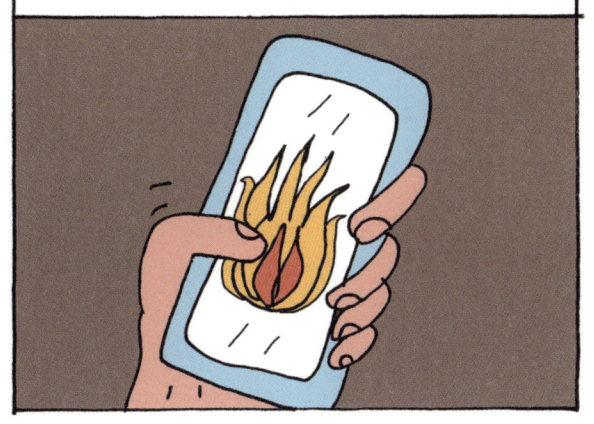
셀카에 대한 반응은 '와우', '장난 아니다', '소리질러', '훅 가버림' 등이다.

플랫폼의 디자인 자체가 더 큰 반대, 불화, 마찰, 지체―

사실 부정적인 형태의 모든 감정을 제한한다.

소셜 미디어에 게시되는 디지털 사진의 전형적인 특징 한 가지는, 다양한 필터와 앱의 사용으로 얼굴과 몸이 완전히 매끄러워질 수 있다는 점이다.

얼굴에는 모공이나 주름이 없고, 몸에는 파인 곳, 접힌 곳, 갈라진 곳, 튀어나온 곳이 없으며 대신 평평하고 매끄러운 표면이 몸을 뒤덮고 있다.

예를 들어 킴 카다시안의 얼굴 피부는 케이크나 알약의 표면처럼 매끄럽다.

마찰이 없는 셈이다.

마치 알약을 더 삼키기 쉽도록 만들기 위해 필름으로 코팅한 것처럼 말이다.

  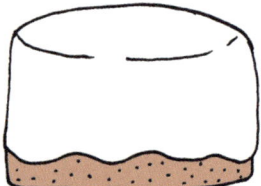 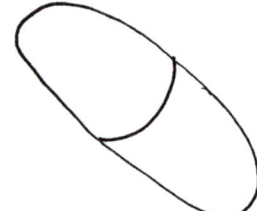

철학자 한병철은 '매끄러움의 미학'에 대해 썼다.
그는 디지털 이미지에는 **매끄러움**이 지배적이라고 생각한다.

매끄러움이란 우리가 순전히 좋아하기만 하는 것이다. 반대라는 부정이 없다.
매끄러움의 긍정은 정보, 커뮤니케이션, 자본의 순환을 증가시키기 위해 존재한다.

― 그로 인해 이 두 가지가 서로 반대되는 것으로 이해되기 시작했다고 생각하기 때문이다. 사실 이 두 가지는 서로에 대한 **연속**이고, 서로를 **공유**한다.

한병철은, 예컨대, 아름다움은 부정의 한 차원을 **함유해야 한다**고 생각한다.

하지만 초거대기업이 소유한 거대 디지털 플랫폼에 게시되는 그런 종류의 아름다움은 아름다움의 숭고한 차원을 함유**할 수** 없다. 왜냐하면 플랫폼의 **포맷** 자체, 아름다움이 전시된 장소에 내장된 목적이 '좋아요'라는 반응을 얻기 위한 것이기 때문이다. 결과적으로 이런 플랫폼에 전시된 아름다움은 제한되고, 온전하지 못하게 될 수밖에 없다.

줄곧 자기 사진을 찍는 일은, 또한 시간을 냉동 보존해보려는, 시간을 붙들어보려는 방법이기도 하다.

우리는 우리의 외모를 간직해보려 하고, 우리 자신을 덜 덧없게 만들어보려 한다.

이는 우리 인간의 무의미함과 필멸함에 대한 일종의 저항이다.

그런 면에서, 니사의 그레고리우스가 남긴 말은 일리가 있다.

그대, 곧 먼지가 될,

작은 진흙 인형이여,

한순간의 교만으로 거품처럼 부풀어 오르지 말아야 하고

...들뜬 자기기만이 점점 커지지 않도록 해야 하며

...공허한 허영심으로 마음을 채우지 말아야 하느니라!

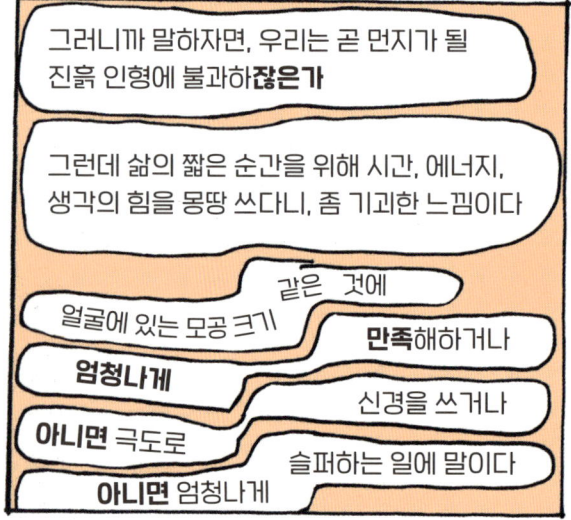

그러니까 말하자면, 우리는 곧 먼지가 될 진흙 인형에 불과하**잖은가**

그런데 삶의 짧은 순간을 위해 시간, 에너지, 생각의 힘을 몽땅 쓰다니, 좀 기괴한 느낌이다

얼굴에 있는 모공 크기 같은 것에

엄청나게

아니면 극도로

아니면 엄청나게

만족해하거나

신경을 쓰거나

슬퍼하는 일에 말이다

신학자 베이에를링크조차 100% 정확한 관찰 내용을 17세기의 문헌에 적었다.

거울은 영혼이 걸리는 병의 원인입니다.

– 이것은 거울 앞에서 자기 자신을 지나치게 오래 쳐다보았던 적이 있는 이라면 모두가 알아차린 것이다.

더 새롭고, 더 나은 생각:

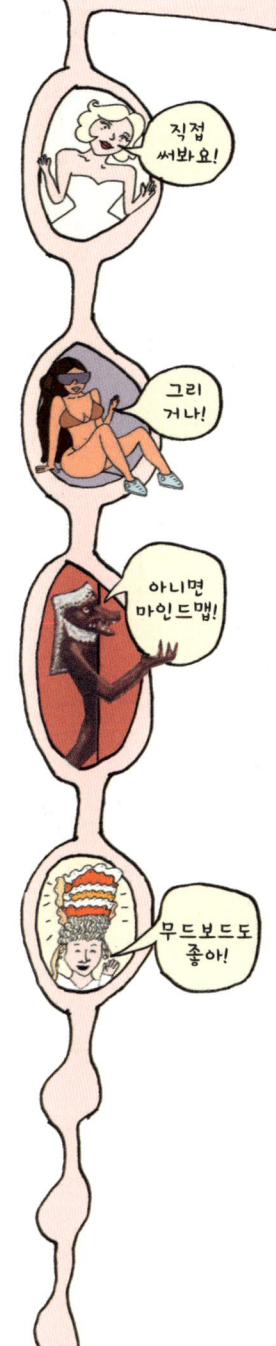

SNÖ-VITS MAMMA

백설공주의 어머니

그러나 이 책을 읽는 **독자 여러분**에게는 어머니의 밝은 면과 어두운 면 모두를 한 사람에 합쳐서 여성을 온전하며 다차원적인 인간으로 여길 능력이 있음을 믿는다! 그래서 나는 백설공주의 **어머니**라고 쓴다.

그리고 그때 어머니는 백설공주를 살해하라고 명령했다.

어머니는 사냥꾼에게 백설공주를 숲으로 데려가서, 칼로 베어 죽이라는 지시를 내렸다.

그리고 사냥꾼이 정말로 백설공주를 죽였다는 증거로, 어머니는 사냥꾼에게 백설공주의 심장을 도려내, 피투성이 심장을 자기에게 가져오라고 했다.

그리고 이건 완벽히 정상적인 반응이다. 100퍼센트 논리적이다! 100퍼센트 타당하다!

내 말은, 아름다워지는 것이 백설공주 어머니의 중대한 관심사였다는 것이다.

수많은 연구조사에서는 여성이 남성보다 외모로 평가되는 일이 훨씬 더 많다는 사실을 보여준다.

수많은 연구조사에서는 아름다운 사람들이 모든 면에서 사회적으로 훨씬 더 나은 대우를 받는다는 사실을 보여준다.

아름다운 사람들은 더 나은 직업을 갖는다. 긍정적인 특성을 더 많이 가졌다고 여겨진다. 지위가 올라가게 된다.

그러면 어쩌라고??!
백설공주의 어머니는 그냥 어깨를 한번 으쓱하고 말았어야 하는가
- 어쩌라는 건가 -

내 것이었던 모든 것을 어느 날 나는 빼앗기게 된다,

나는 이 모든 것을 더 이상 가지지 못하고,
- 대신에 나는 못생겨지고 백설공주가 이 모든 것을
가질 텐데 - 이 엄청난 상실을 - 어째서 -
그냥 받아들여야만 하나??!!

누가 한 인간에게 그런
망할 놈의 정신 나간
요구를 하는가?

니나, 53세

안, 72세

덧없다, 덧없다, 덧없다!!!!!

육체적인 아름다움이 지닌 가장 짜증나는 특성 중 하나는 그것이 덧없다는 점이다.

내 친구가 나에게 했던 말처럼.

아름다움이 짜증나는 건 사람들이 그것을 원하고, 원하고, 또 원한 다음에

막상 아름다움을 지니게 되면, 그것이 사라질까 봐 바로 두려워한다는 점이지.

지금 뭘 먹는다면, 나는 살이 찔 거야, 아니면, 내가 **숨 쉰다면**, 나는 늙을 거야, 하는 식이야.

우리 인간은 육체적인 아름다움의 덧없음에 대처하는 능력이 점점 더 형편없어지는 듯한 느낌이 든다.

아마도 우리가, 모든 것이 **영원한 상승 곡선**이라고, 또는 그래야만 한다고 계속 **생각하는** 자본주의 경제체제에 살고 있기 때문인 것 같다.

자본주의가 기능하려면 경제 성장이 지속되어야만 하듯이 말이다.

모든 것은 단지 점점 늘어나야만 하며, 향상/전진, 향상/전진해야만 한다.

그러므로 우리는 완전히 다른 방식으로 작동하는 육체적 아름다움 같은 현상을 다루기가, 심지어 이해하기조차 **어렵다**.

육체적 아름다움은 우리가 젊을 때 정점을 찍었다가, 일정한 시점이 되면 가차없이 하락하기 시작한다. 우리는 그것을 잃어버릴 수밖에 없는 운명이다.

그래서 그것은 우리가 지금 소중히 여길 수밖에 없는 것이다.

지금

지금 아니면 안 된다!

아름다움은 돈과는 다른 것이며, 다른 방식으로 작동한다. 예를 들면,

1. 아름다움은 통제할 수 있는 것이 아니다.

2. 아름다움은 어떤 목적도 내포하지 않는다.

3. 아름다움은 소유할 수도 저장할 수도 없다.

말하자면 이렇다는 것인데...

1. 아름다움은 통제할 수 있는 것이 아니다.

아름다움에는 우연이 많은 부분 포함되어 있다.

그러니까, 우리는 태어나기만 할 뿐이며 외모는 유전자가 무작위로 결정한다.

이런 이유로, 역사적으로 '아름다움'은 종종 재능, 운명의 장난, 우리의 통제에서 벗어난 것으로 생각되었다.

우리는 우리가 어떻게 생겼는지도, 또 우리 자신의 외모가 타자들에게 어떤 반응을 일으킬지도 통제하지 못한다.

예를 들어, **대단한 육체적인 아름다움을 가졌다고 해서 누군가의 인생이 자동적으로 더 나아지지는 않는다.**

영국 작가 조지 엘리엇(1819~1880)의 경우는 유달리 못생겼던 것으로 유명하다. 말을 많이 닮았다고 한다.

엘리엇이 살았던 시대에는 이런 농담이 있었다.

"말을 한 마리 봤다고?"

"그럼 조지 엘리엇을 본 거야."

전해지는 이야기로는, 엘리엇의 아버지는 엘리엇이 어렸을 때도 너무 못생겼다고 생각했고, 결혼을 절대 할 수 없을 거라고 생각했다.

그래서 그는 대신 엘리엇에게 공부를 시켰는데, 당시의 소녀들에게는 드문 일이었다.

엘리엇은 학교에 다녔기 때문에 교양과 학식이 무척 높아졌고, 결국 엄청나게 칭송받는, 성공을 거둔 작가가 되었다. 엘리엇은 또한 연애도 다양하게

많이 하고 그녀를 흠모하는 이들도 많았으며 모두가 엘리엇의 지성과 거부할 수 없는 카리스마에 깊은 인상을 받았으니, 전체적으로 재미있고 멋진 삶을 살았던 것으로 보인다.

1880년대에 세상은 떠난 또 다른 여성으로 엘비라 매디건(1867~1889)이 있다. 매디건은 줄타기 곡예사로 부모의 서커스단과 함께 유럽을 순회하며 공연했다.

엘리엇과 달리, 매디건은 놀라울 정도로 아름다운 것으로 유명했다.

스웨덴 남부 스코네의 크리샨스타에서 엘비라의 서커스단이 공연했을 때, 관중 속에는 식스텐 스파레라는 육군 장교가 있었다.

스물한 살 엘비라를 본 그는 즉시 아내와 두 자식을 버리기로 결심했다.

그는 집착적인 연애편지를 엘비라에게 쏟아 붓듯 보냈는데, 편지에서 그는 자기랑 도망가지 않으면 자살하겠다며 엘비라를 위협했다.

결국 스파레의 협박에 신경쇠약이 생긴 엘비라는, 그와 덴마크로 가기로 동의했다.

하지만 덴마크에서 식스텐 스파레는 빈털터리여서 아무것도 할 수 없음이 드러났다. 이 상황에 대한 스파레의 해결책은 둘 다 죽어야 한다는 것이었다 – 그는 먼저 엘비라를 쏘아 죽이는 것으로 시작해, 자기 자신도 쏘았다.

만약 엘비라가 그렇게 너무 멋지게 생기지 않았더라면 – 대신에 만약 그녀가, 예를 들면 말처럼 생겼더라면 – 더 나은 운명을 **맞이했을지도 모른다.**

만약 엘비라가 자기가 타던 서커스단의 말처럼 생겼더라면 엘비라의 인생은 훨씬 덜 힘들어졌을 거라는 말이다.

(엘비라의 인생에 있었던 **커다란** 오류는 물론 엘비라의 외모가 아니라 정신 나간 장교의 **행동**이지만, 독자 여러분이 이해하리라고 생각한다.)

어쨌든!!!! 이야기가 잠시 곁가지로 빠졌다! (말에 대한 빌어먹을 농담을 하고 싶었다는 이유로!)

내가 진짜로 이야기하고자 한 것은, 역사적으로 아름다움은 무작위적인 재능이나 운명의 장난으로 여겨졌다는 것 – 하지만 우리는 **지금** 그것을 **통제 가능한** 것으로, 그러니까 우리가 **직접 좌지우지할 수 있는 것으로** 여기게 되었다는 것이다.

독일 사회학자 하르트무트 로자는 근대성의 문화적 동력은 바로 **세계를 우리의 통제 아래 놓는 것**이라고 생각한다.

우리는 모든 것을 계획하길
모든 것을 이해하길
모든 것을 지배하길
모든 것을 통제하길
모든 것을 알길 원합니다.

우리는 육체적 아름다움과도 이런 식의 관계를 맺는다. 로자는 이렇게 말한다.

우리의 몸은 늘 최적의 상태여야 한다는 압박 아래 있습니다.

우리의 몸 자체가 **더 개선하라는** 요구로 나타납니다.

비록 우리가 이 요구를 무시하거나 외면하더라도 말이지요.

그러니까, 체중계에 오를 때 우리는 체중이 줄어야 한다고 생각한다.

이것에 대해서 무언가 하지 않으면 안 되겠어!

거울을 볼 때 우리는 여드름은 없어져야 하며 주름살은 펴져야 한다고 생각한다.

이거 어떻게든 해야 해!

미용 제품들은 종종 여러분의 피부를 '통제하라'는 식의 카피를 통해 마케팅된다.

얼굴의 노화 같은 것을 지배하고 통제하려는 시도는, 물론, 적어도 어렵다고 말할 수 있는, 성공할 전망이 **어두운** 목표다.

하지만 로자에 의하면, 우리가 주위의 모든 것을 지배하고 통제하려는 시도에 우리 시간을 모두 썼을 때 일어나는 최악의 일은, '**효과**'가 없다는 점이 아니라,

그 때문에 한 사람을 위해, 세계가

죽는

일이다.

로자는 우리가 세계를 **지배**하려고 시도할 때는 **삶**, 접촉, 실제 경험이 일어날 **수 없으며**, 이것들은 우리가 세계와 '**공명**'할 때에만 일어날 수 있다고 생각한다.

그리고 그 말은 무엇을 뜻하는가?

그렇다, 로자는 이것을 **무언가**가—어떤 사람, 풍경, 생각, 음악 등—우리의 감정을 일깨우고(로자는 그것을 '호출'이라 부른다) 우리가 이 호출에 **응답하는** 것으로 설명한다...

예를 들어 우리가 우리의 몸과 **연결되어** 있지 않고, 대신 몸과 일종의 지배적인—공격적인—소원한 관계를 맺고 있다면—그리고 타자의 몸 및 외모와도 그런 관계를 맺고 있다면—우리는 **소외**의 상태 혹은 **비연결** 상태에 이르게 된다. 로자에 따르면, 이것은 세계를 읽을 수 없고...

'해야 할 일'이 적힌 길고 긴 목록을 들여다보고 있어.

나는 눈빛을 떠올린다. 패션모델에게는 필수적인 표현이다. 무언가 공격적인/소외된 느낌으로 세상을 바라보는 것, 마치 세계가 그들에게 위협적이며 동시에 그들이 세계를 위협하는 듯이 말이다. 바로 이것이 이 소외 상태에 대한 아주 명확한 예다.

모델들은 잡지에서 공격적으로/소외당한 듯이 나를 노려보지.
나는 계속 공격적으로/소외당한 듯이 같은 방식으로 내 몸을 노려보지.

...예컨대 아름다운 음악을 들으면 우리는 소름이 돋고, 심박이 빨라지며, 눈에는 눈물이 맺힌다—우리는 **감동을 받고, 변화한다**. 로자는 이렇게 말한다.

공명은 듣고 응답하는 일을 통해 일어납니다.
우리가 세계와 공명하면, 우리는 그대로 있게 되지 않습니다.
공명의 경험은 우리를 변화시키는데, 바로 이 안에 삶의 경험이 있습니다.

...들리지 않는 상태로 만든다. **특히** 아름다움의 경험이라는 면에서는, 그것은 아주 명확하게 공명을 **요구한다**. 왜냐하면 아름다움의 경험은 세계와의 관계이기 때문이다—이것을 좀 더 정확히 말하자면 **눈(eyes) 사이의** 관계다. 로자는 이에 대해 이렇게 말한다.

눈은 공명의 창입니다.
누군가의 눈을 들여다보고 응답하는 그의 시선을 느낌으로써 그와 공명하게 됩니다.

그러니까... 우리가 지배하고 통제하려 할 때, 그리고 예를 들면 육체적 아름다움을 최대한으로 소유하고 통제하려 시도할 때... 아름다움의 **경험**은 불가사의한 방식으로 우리에게서 벗어나고 우리를 배제한다. 로자는 이렇게 말한다.

그렇게 해서, **삶**, 살아있다는 것에 대한 경험을 만드는 삶은 (...)
우리에게서 멀어지고, 다다를 수 없게 됩니다.

흉상을 보고 그것에 매료된 보르하르트는, 흉상을 가지고 이집트를 빠져나갈 수 있도록 이집트 행정당국에는 흉상의 광휘를 숨겼다.

보르하르트는 마야콥스키의 시구 "너는 훔쳐야만 하는 모나리자"* 같은 기분이 들 뿐이었다.

이건 그저 꽤 못생긴 장식품일 뿐이에요!

* 마야콥스키의 장시 「바지를 입은 구름」

프로이센 황제 빌헬름 2세는 최초로 복제한 흉상을 선물로 받고는 그것을 소유할 수 있게 되어 너무나 행복했던 나머지, 1918년에 네덜란드로 망명해야 했을 때 가지고 갔던 극소수의 소지품 중 하나로 흉상 복제품을 챙겼다.

1924년 베를린 신 박물관에서 흉상이 처음으로 전시되었을 때, 전시는 즉각적인 성공을 거두었고 흉상은 세계적으로 주목을 받았다.

독일 나치 집권기에, 괴벨스는 흉상을 이집트 왕에게 외교 선물로 주기를 원했으나, 히틀러가 개인적으로 개입해서 괴벨스를 막았다. 흉상에 홀딱 빠진 히틀러는 흉상이 독일 밖으로 나간다는 생각을 견디지 못했다.

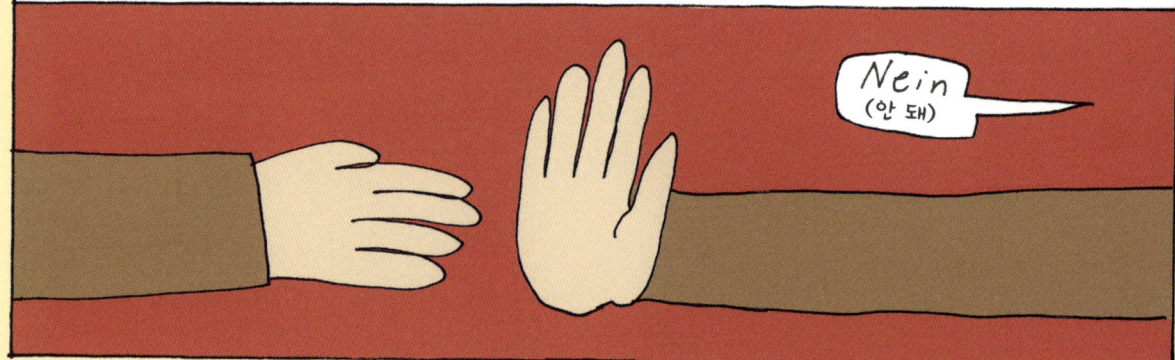

연합군의 베를린 폭격 중에 흉상은 암염 광산에 숨겨져 있었다.

그 후에 흉상은 연합군이 관리하다가 결국 서베를린으로 옮겨졌다.

동베를린은 흉상 반환을 요구했다.

약 100년에 걸쳐 수없이 반환받기를 시도했던(같은 기간 동안 독일 당국은 매번 반환을 거부했다) 이집트는 말할 것도 없었다—

왜냐하면—흉상을 보는 사람들 모두가, 해마다 독일의 이집트 박물관 및 파피루스 보관소에 들어가는 수천 명의 사람들과 똑같은 감정을 느끼기 때문이다. 그들은 이런 것을 느낀다.

마치 히비스커스 꽃이—과연 이 꽃은 그렇게 너무나 아름다울, 너무나 매력적일, 너무나 향기로울, 너무나 아름다운 분홍의 색조로 이루어질 필요가 있었을까?—이 세계에서 분홍이라는 색깔의 존재 그 자체가 아니듯이 말이다.
너무 아름답다고??!
비합리적으로 아름답다고??

이 모든 아름다움이란—또한 예를 들면 바다나 하늘과 같은 풍부한 아름다움 같은, 이 세계의 아름다움이란—다른 **모든 것**들과는 반대로 **완벽히 목적이 없지** 않은가?

모든 산, 꽃, 나무 들—이것들은 무언가 **극도로** 화려하고, 불필요하고, 사치스러운... 우리에게 주어진 **선물**일까?

좋다, 이제 나는 빨리, 아니면 적어도 조금은 빨리, 아름다움이 돈과는 다른 세 번째 측면을 말하려 한다.

아름다움은 소유할 수도 저장할 수도 없으며, 천성적으로 덧없다.

앞에서 말했다시피, 우리는 우리의 심리가 늘 미래를 향해 있는 시대에 살고 있다―우리는 모든 것이 점점 더 나아지는 것을 계획하고 보장받기를 원한다―돈은 불어나야 하고, 목표는 달성되어야 하며, 모든 것이 계속해서 향상하고 전진해야 한다.

하지만 아름다움은 그렇게 작동하지 않으며, 대신 사라지고 말 운명이다. **그리고** 사라질 운명**이라는 것은** 어떻게 보면 또한 **아름답기** 위한 전제 조건이기도 하다.

만일 내가 아흔둘일 때 스물둘일 때와 **똑같아** 보이게 해주는 극도로 효과적인 피부 관리 제품을 만드는 것이 가능하다고 상상한다면―그때 나는 진정으로 '아름답다'고 할 수 있을까?

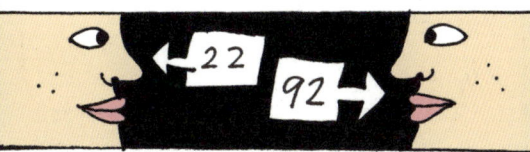

아니면 그런 나는 필연적으로 **다른 어떤** 존재가 될까?

오히려, 무지개는 사라지기 **때문에** 아름답다거나 꽃은 시들기 **때문에** 아름답다는 것과 같은 식으로, 아름다움을 아름답게 **하는 것**은 아름다움의 덧없음이 아닐까.

죽음은 삶이 있기 위한 전제 조건이라는 것과 같은 식으로, 아름다움의 덧없음은 아름다움을 경험하기 위한 전제 조건이다.

철학자 마틴 헤글룬드는 저서 『내 인생의 인문학』에서 어떻게 **죽음**—삶의 절대적 종말—이 우리가 삶을 소중히 여길 수 있는 전제 조건인지를 말한다.

그는 **만일** 우리가 영생을 살 수 있다면, 우리의 존재는 완전히 무의미할 것이라고 말한다.

만일 우리가 **언제나 모든 것**을 가지고, 영원히 살며, **영원히** 열여덟의 모습이라면— **삶 전체**가 의미를, 그 가치를 잃을 것이다.

우리는 무언가에 대해 신경을 쓴다—그것들이 덧없다는 **이유로**. **모든 것**은 사라질 것이다—그렇기에 **모든 것**은 소중하다.

헤글룬드는 말한다.

영생은 실현되기 불가능할 뿐 아니라 우리는 그것을 욕망하지도 않는데, 현재의 삶을 채우고 있는 모든 보살핌과 사랑을 없애버릴 것이기 때문입니다.

무언가에 신경을 쓴다는 것은 무언가가 상실될 **수** 있음을 상정하는 것인데, 그렇지 않다면 우리는 신경을 쓰지 않을 겁니다.

우리가 살면서 느끼는 헌신은 귀중한데, **왜냐면** 삶이 영원히 지속되지 않음을 알기 때문이며, 우리는 삶의 가치를 높이 평가하는데, **왜냐면** 우리의 삶이 민감하고 연약하기 때문이다.

그렇기에 만일 우리가 우리의 삶이—이 삶이—유일한 것임을, 그리고 죽음은 절대적인 종말임을 이해한다면, 이는 우리가 삶을 **사는** 데 도움이 될 것이며, 여기에서의 시간을 최선의 것으로 만들 동기를 얻을 것이라고 **헤글룬드는 생각한다.**

내가 하고자 하는 말은 그냥 이렇다.
우리는 우리 육체적 아름다움의 덧없음—나이듦이 남기는 다양한 흔적—을 삶의 짧음을, 그리고 모든 것의 덧없음을 상기하는 수단으로, 일종의 '**메멘토 모리**'*로 여길 수 **있어야 하며, 이는 좋은 일이다.** 왜냐하면 이는 우리가 죽음을 기억하는 데 도움이 되고, **지금** 일어나는 일을 소중히 여기도록 강요하기 때문이다. 즉 **지금이 아니면 절대 할 수 없기** 때문이다.

* '자신의 죽음을 기억하라'를 뜻하는 라틴어 경구.

TYRA- NNISK TAVLA

폭군이 되는 그림

시시의 머리는 엄청나게 길어서, 전하는 바에 따르면 바닥까지 닿았다고 한다.

시시는 머리를 관리하는 일만 하는 사람을 따로 두고 있었다.

머리를 빗질하고 매만지는 데만 매일 세 시간이 걸렸다.

머리를 감으려면 꼬박 하루가 걸렸다.

머리를 감을 때는 코냑과 달걀을 섞어서 사용했다.

시시를 무엇보다 격노하게 하는 것은 머리매무새가 시원찮거나 머리카락이 빠지는 일이었다.

전하는 얘기로는 시시의 미용사는 머리를 빗을 때 머리카락이 얼마나 많이 빠졌는지를 보여주려고 빗을 들어 보여야 했다고 한다.

시시의 머리는 때때로 두통을 일으킬 정도로 무거웠다.

이런 날이면, 그녀는 머리가 가벼워지도록 머리채를 리본으로 묶어 높이 매달고는 방 안에 머물렀다.

시시는 엄청나게 날씬한 몸매, 무엇보다 허리둘레가 엄청나게 가는 것으로도 유명했다.

시시는 체중이 느는 것을 두려워해서, 체중이 늘면 곧장 다양한 유형의 가혹한 다이어트, 단식 요법, 무작정 굶기 등에 돌입했다.

사료에 따르면 때때로 시시는 소르베와 고기를 우려낸 국물만 먹었고, 우유만 마실 때도 있었으며, 날달걀에 소금을 섞은 것만 먹을 때도 있었고, 소스만 먹고 살 때도 있었다고 한다.

시시는 또한 매일같이 승마, 수 시간 동안 걷기, 체조처럼 무척 힘든 운동에 열중했다. 시시는 자기가 살던 궁과 거처 여러 곳 모두에 운동 전용 공간을 꾸미고, 그곳을 아령, 운동용 추, 평행봉, 체조용 링으로 채웠다.

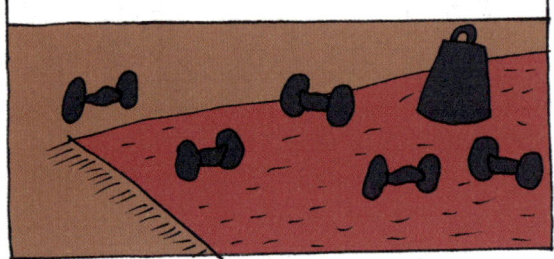

시시가 그리스어 책 낭독 담당으로 고용했던 크리스토마노스라는 남자에 따르면, 1892년 1월 1일에(시시는 쉰네 살이었다) 그는 운동기구로 가득한 방으로 오라는 명령을 받았다.

그는 이렇게 기록했다. "황후가 링 체조를 하느라 공중에 떠 있는 바로 그때 나는 그녀를 보았다. 황후는 검은 타조 깃털로 단을 장식한 기다란 옷자락이 달린 길고 검은 실크 드레스 차림이었다."

"그렇게 인상적인 황후의 모습은 처음 보았다. 링 체조용 로프로 몸을 띄운 그녀의 모습은 놀라운 광경이었으며, 그녀는 뱀과 새 사이 어딘가에 있는 존재 같았다."

『오디세이아』를 크게 읽어주시오!

시시는 공개석상에 모습을 드러낼 때마다 센세이션을 일으켰다.

스물일곱이었던 1864년, 시시는 드레스덴에서 열린 결혼식에 참석했다.

시시는 별을 수놓은 흰 드레스를 입었고, 머리에는 별 모양 다이아몬드 장식을 달았으며, 가슴은 동백꽃으로 장식했다.

무도회가 끝나고 시시의 시동생인 루트비히 빅토어 대공은 이렇게 말했다.

시시는 숨 막히게 아름다웠습니다.

사람들은 얼이 빠져버렸어요.

정신이 나간 것처럼 행동하더군요.

사람들을 그렇게 만들 만한 영향력을 가진 사람은 처음 봤습니다.

이 무렵, 예술가 프란츠 빈터할터가 그린 황후의 초상화 세 점은 엄청나게 유명해졌다.

이 초상화들의 셀 수 없이 많은 복제품들, 특히 무도회 드레스를 입고 머리에는 다이아몬드 별을 단 황후를 그린 이 그림은 전 세계에 시시의 아름다움을 실어 날랐다.

시시가 외출하면, 군중이 주위에 모여 들어서는 길을 막곤 했다.

공식 석상에 모습을 보여야 할 때마다, 시시는 군중의 호기심 어린 평가의 시선을 마주하며 세상에서 가장 아름다운 왕족이라는 소문에 부응할 수밖에 없었다.

황후마마다! 황후마마야! 저기 계시네! 봐봐!

어제 무도회에서 황후보다 더 예쁜 여자들을 다섯이나 봤어.

아름다운 천사여!! 이 장미를 받아주소서!

시시에게는 무척 스트레스를 받아서 감추려고 애썼던 결점도 몇 가지 있었다.

예컨대 시시는 치아가 좋지 않았고, 변색도 되어 있었다.

이 문제를 해결할 수 있는 치과의사는 아무도 없었다. 엘리자베스는 스스로 이 문제를 너무 크게 의식한 나머지 대중 앞에서는 거의 입을 열지 않았다.

어쩔 수 없이 말을 해야 했을 때는 입을 가능한 한 작게 벌렸다. 그래서 낮은 목소리로 웅얼거리며 말했기 때문에, 시시의 말은 알아듣기가 거의 불가능했다.

* 하이네의 시집 『젊은 날의 아픔』

사적인 자아는 분리되어서는, 내 옆의 그림자 안에 서 있다.

로젝은 이러한 자아의 분열이 여성 유명인에게 훨씬 더 힘든 일이라고 생각한다.

가부장적 사회의 여성들은 이미 남성들보다 공적인 공간에서 자기 자신을 더 연출하고 있기 때문이다.

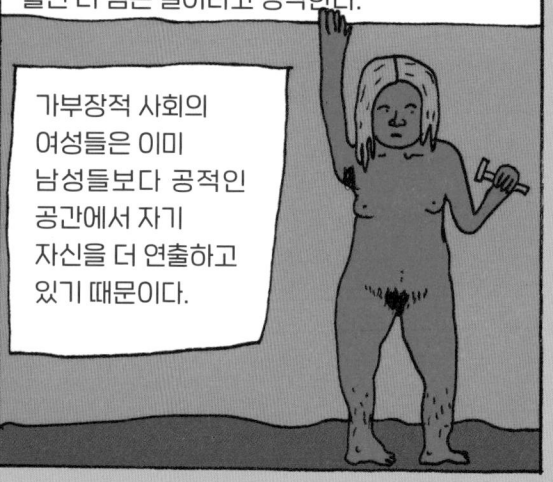

평범한 여성들조차도 공적 공간에서 남성보다 훨씬 더 연기를 많이 해야 한다. 예컨대 화장, 보정 속옷,

머리 염색 같은 것들 외에도, 어떤 일에 대해 목소리를 내지 않아야 하는지, 걸음걸이와 서 있는 매무새는 어떤지, 다양한 상황에서 어떻게 대응하는지 등, 여성의 경우 성역할에 내재된 더 강력한 사회적 규범이 있다.

자기 자신을 미적 대상/성적 욕망의 대상으로 연출하는 데 능한 여성들은 동시에 다른 이들에게 추하거나 성적 매력이 없는 것으로 비추어질 만한 측면들을 은폐해야만 한다.

이는 이런 여성들로 하여금 일종의 분열을 경험하게 한다. 남자들의 관심을 끄는 나의 이미지나, 감탄의 대상이 되는 나는 진짜 '나'가 아니라 일종의 아바타처럼 느껴지는 것이다.

우리는 가끔 아바타를 좋아할 수도, 그것을 자랑스러워할 수도 있지만, 가끔 아바타는 부담으로, 한 사람을 식민지화하는, 또 고독하게 하는 누군가처럼 느껴진다. 모두들 나의 사적인 자아가 아니라 아바타만을 보고 사랑하기 때문이다.

사적인 자아는 아마 이렇게 생각할 것이다.

나는 굉장히 슬퍼.

우리 엄마는 알코올 중독자야

나는 성적으로 그렇게 흥분하지도 않고 섹스를 그리 좋아하지도 않아

나는 세상에 있는 모든 사람들에게 분노와 질투를 느껴

나는 지금 힘들어, 나는 지금 땀이 나, 나는 지금 불안해

하지만 이런 종류의 생각/느낌은 성적 매력이 없기에, 아바타는 이런 말을 하는 대신 아마도 이렇게 말할 것이다.

아잉 아잉

어쩌면 이런 점 때문에, 예컨대 남성들에게 외모로 높이 평가받는 여성들은 자신을 칭송하는 사람들에 대해 일종의 분노와 짜증을 느낄 수 있다. (대스타들이 가끔 팬들을 향한 증오, 역겨움, 공격성에 사로잡히는 것과 비슷하다) 주목을 받는 것은 '나'가 아니라 연출된 나 자신이기 때문이다.

저기요, 잠시만요, 너무 멋지세요!

10점 만점에 10점!

어디로 가시는 길이신가요?

아니 맙소사, 뭐 저런 멍청이 같은 인간들이 다 있어

못 견디겠네

따라서, 우리가 긍정적인 주목을 받는 일이 도리어 훨씬 더 외롭고 불안한 느낌을 들게 하는 역설적인 효과를 가져올 수 있다.

프란츠 빈터할터가 머리에 별 모양 장신구를 달고 서 있는 시시의 모습을 담은 그림을 그렸을 때, 그 그림은 또한 시시의 경쟁 상대가 된다.

그림이, 곧 공적 자아가 경의와 칭송과 숭배를 받는 한편에, 그림이 아닌 사람이, 이가 못났고 체중이 늘 수도 있는 진짜 사람이 존재한다.

나는 아마 그림을 사랑할지도 모른다.
하지만 그림은 나에게 사랑을 되돌려주지 않는다.

그림은 내가, 나 자신이 갈망하는 모든 사랑과 호감을 흡수해버린다.

그림은 나를 압도한다.

그림은 나를 수치스럽게 한다.

그림은 나를 없애버리겠다고 위협한다.

그림을 향한 칭찬은 사적 자아로 하여금 다음과 같은 것을 느끼게 한다.

"그림이 아닌 나의 모든 것은 쓰레기이며 존재해서는 안 되는 것이야."

그림은 폭군이 된다.

소셜 미디어 사회에서, 자아 분열이라는 이런 감정은 보통 사람들 사이에서도 퍼져나가게 된다.

소셜 미디어는, 우리도 알다시피, 계속해서 우리 자신과 우리 삶을 담은 사진과 상태를 업데이트하기 위한 곳이다.

유명인과 마찬가지로, 우리는 자아를 연출하고, 바로 이런 연출된 자아를 통해 타인들의 (역시 연출된) 자아와 접촉한다. 그렇게 우리는 친구들과 연락하고, 데이트하고, 세상 돌아가는 일을 알게 된다.

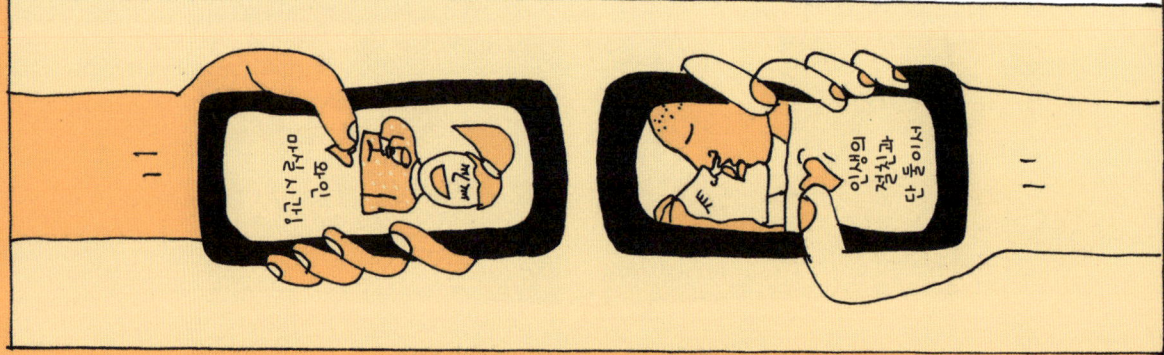

소셜 미디어는 우리 모두를 유명인으로 만들었다.

사학자 크리스토퍼 래시는 놀랍게도 1979년에 이미 『나르시시즘의 문화』의 묘사를 통해 이런 변화를 미리 내다보았다.

우리는 경험을 포착해 느린 속도로 재생하는 이미지와 메아리의 소용돌이 속에 살고 있습니다.

카메라와 녹음 장치는 우리의 경험을 복제해 기록할 뿐 아니라 그것의 성질을 바꿔서,

현대 생활의 많은 부분에 거대한 반향실(反響室), 즉 거울의 방과 같은 성격을 부여합니다.

리처드 시모어는 이렇게 말한다. 모두가 유명인이 되기를 원하진 않지만, 모두가 어떤 방식으로든 주목의 경제(attention economy)에 연루되어 있다. 소셜 미디어 계정을 가지는 것만으로도, 공적 이미지를 갖게 되는 것이다. 또 상태를 **게시**하거나 댓글에 답을 다는 것만으로도, 일종의 PR 전략을 가지는 것이다.

극소수의 사람들은 자신들의 채널에서 돈을 벌고, 기업의 후원을 받고, 팔로어들에게 다양한 소비재를 팔 정도로 성공했으나, 대다수에게는 '좋아요'의 개수로도 충분한 보상이 된다.

어느 쪽이든, 자아 **분열**은 일어난다. 공적 자아가 있고, 그 옆에는 그림자 속에서 맴도는 사적 자아가 있는 것이다.

분열된 자아로 인한 고통스러운 감정에서 **벗어나려는** 한 가지 시도는 소셜 미디어에서 진정성을 더 많이 보이는 것이다. 그러니까 '더 솔직한' 이미지를 보여주는 것, 예를 들면 예쁘게 나오지 않는 각도에서 셀카를 찍는 것, '완벽하지 않은' 몸을 보여주는 것, 너저분한 집을 찍은 사진이나 엄마로서 한 실수에 대한 재미있는 이야기를 공유하는 것이다.

하지만 이는 생각하는 것만큼 전복적인 전략은 아니다.

일단, 이것이 펼쳐지는 플랫폼은 거대 기술기업이 소유하고 있다. 이들의 목적은 언제나 그랬듯 변하지 않았다. 사람들의 '콘텐츠'로 훨씬 더 많은 이윤을 낼 수 있도록 광고를 팔고, 사람들이 화면에 중독되게 하는 것이다.

'진정성'은 또 다른 상품이 되며, 필터를 사용하지 않는 것, 정신적인 무너짐을 겪는 것, 우는 것, 기분이 안 좋음을 드러내는 것 등은 소비 가능한 연출의 일환이다.

**게다가, 물론 '솔직하다'고 하는 사진조차,
어떤 것은 보여주고 다른 것들은 은폐하는 사진인 것이다.**

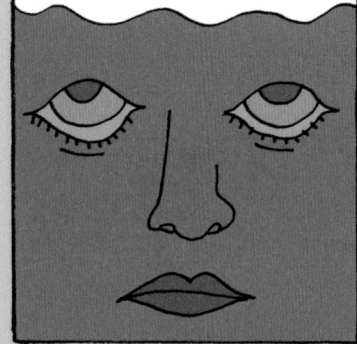

소셜 미디어에서 자신의 신체를 긍정하는 모습을 보이던 사람이, 예를 들어 마음속에서 '잘못된' 감정이 튀어나오는 것을 느낀다면('젠장 내 몸은 흉해' '더 말랐으면 좋겠어' '오늘 아침에는 먹은 걸 토하고 싶은 느낌이 들었어')

이런 면들은 공적 자아의 틀 안에서는 내보일 수 없다. 공적 자아는 대신에 자신의 성격을 모두 '긍정적'과 '영감을 주는' 범주에 들어가도록 눌러 담아야 한다.

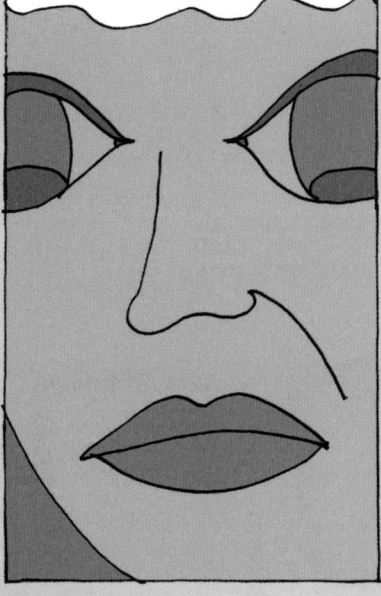

만약에 어떤 '솔직한' 엄마 블로거가 실제로 잠시 정신이 나가서 자식을 심리적으로 학대했다 해도, 그 사실을 우리에게 이야기할 수는 없다. 이러한 현실은 미화되고 연출된, 모성애에 대한 '솔직함' 뒤에 은폐되어야 한다.

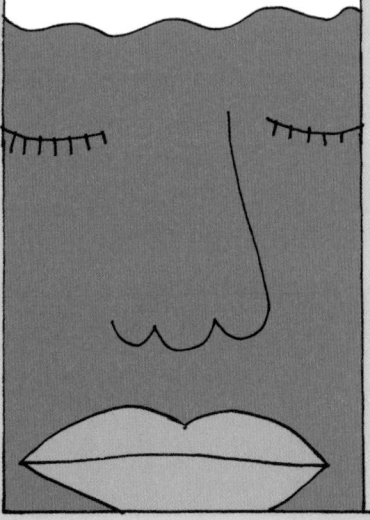

예컨대 다른 여성들을 병적으로 질투하고 증오하는 인플루언서는, 자기 경력을 손상시키거나 호감도를 떨어뜨리지 않고, 팔로어나 후원자를 잃지 않기 위해 좀 더 수용 가능한 인간적인 결점을 드러내는 쪽을 선택할 만큼은 현명해야 한다.

**이런 그들의 공적 자아가 응원,
사랑과 수용을 마주하는 동안, 또 다른 자아,
더욱더 소외당했다고, 사랑받지 못했다고, 실패했다고,
약하다고 느끼는 자아는 그림자 속에서 움직인다.**

내가 말하고자 하는 바는, 그저 **자기 그림에 괴롭힘당하는 일 없이** 그림을 보여주기란 몹시 어렵다는 것이다.

어찌 됐든

나이가 들수록, 시시 황후는 외모를 유지하기가 점점 더 어려워졌다.

시시는 줄곧 베일을 쓰거나 얼굴을 가려주는 부채나 우산을 가지고 다녔다.

시시가 계속 얼굴을 가리고, 사진 촬영을 거부했기 때문에, 말년에 시시의 모습이 어땠는지 아는 이는 아무도 없다.

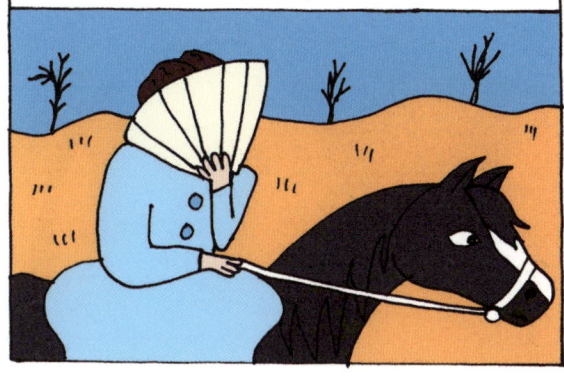

알폰스 클라리알드리겐 후작은 소년 시절 스위스 알프스에서 황후와 같은 호텔에 묵었을 때, 그 전설의 황후를 살짝 보았던 일을 기억한다. 그는 이렇게 이야기한다.

"황후가 호텔 바깥에 있는 길을 거닐고 있을 때 저와 제 누이는 황후를 만났습니다…"

…"주변에는 어른이 아무도 없었어요, 그래서 황후는 부채로 얼굴을 가리지 않았습니다."

"누이는 무릎을 굽혀 인사를 했고, 저는 최선을 다해 예의 바르게 인사를 했습니다. 황후는 다정하게 우리를 향해 미소를 지었지만… 저는 놀라고 말았어요."

"...황후의 얼굴은 너무나도 주름투성이였고, 우리 뒤에 있던 산들만큼이나 나이 들어 보였기 때문입니다."

평생 동안 시시는 줄곧 체중에 집착했다. 다양한 종류의 다이어트에도 계속 몰두했다.

사료에 의하면 황후는 어느 정도 우울한 사람이었던 것 같다. 황후의 딸 발레리가 임신 소식을 알렸을 때...

시시는 이렇게 말했다고 한다.

예순하나였을 때, 시시 황후는 레만 호수로 여행을 갔다가 군주제를 반대하던 이탈리아 아나키스트의 칼에 찔려 목숨을 잃게 된다.

하인리히 하이네는 다음과 같은 시*를 썼다.

그림자 키스
그림자 사랑,

* 인용된 시는 하이네의 「세라피네 IX」다.

그림자 인생,
덧없어라!

어리석은 여인이여,
그대는 믿는가

모든 것이 진실로
영원하리라고?

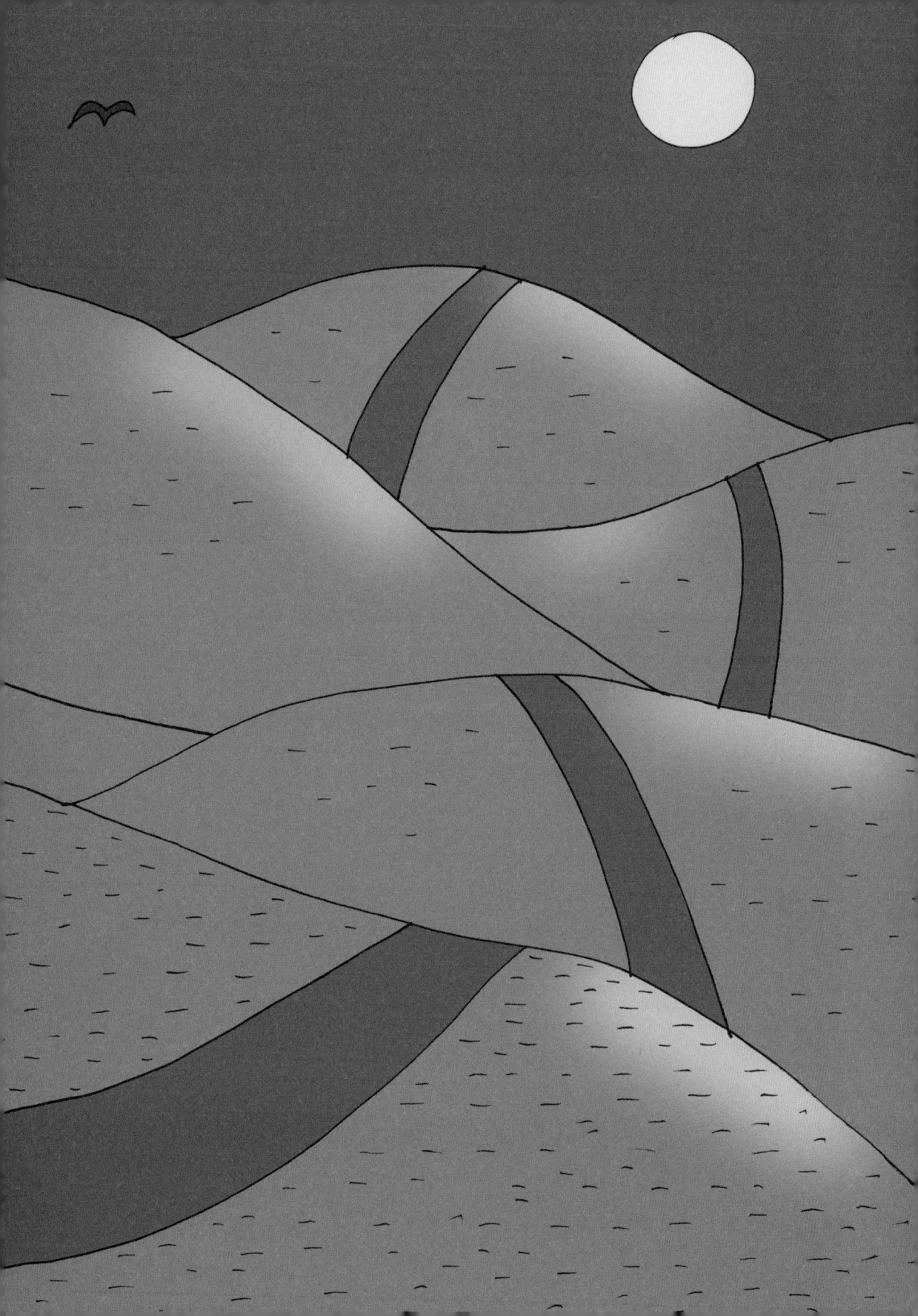

참고 자료

1장 거울 앞의 소녀

Girard, René. *Anorexie et désir mimétique.* L'Herne, 2008.

──────. *Le Bouc émissaire.* Grasset, 1982. (르네 지라르, 『희생양』, 김진식 옮김, 민음사, 2007)

Paglia, Camille. *Free Women, Free Men: Sex, Gender, Feminism.* Pantheon, 2017.

노먼 록웰(Norman Rockwell), <거울 앞의 소녀>(Girl at Mirror, 1954), 미국 노먼 록웰 미술관 소장.

2장 레아의 못생긴 눈

Bauman, Zydmunt. *Liquid Fear.* Polity, 2006. (지그문트 바우만, 『유동하는 공포』, 함규진 옮김, 산책자, 2009)

Coontz, Stephanie. *Marriage, A History: From Obedience to Intimacy, or How Love Conquered Marriage.* Viking, 2005. (스테파니 쿤츠, 『진화하는 결혼』, 김승욱 옮김, 작가정신, 2009)

Herrin, Judith. *Byzantium: The Surprising Life of a Medieval Empire.* Allen Lane, 2007. (주디스 헤린, 『비잔티움 – 어느 중세 제국의 경이로운 이야기』, 이순호 옮김, 글항아리, 2010)

Eva Illouz. *Warum Liebe endet – Eine Soziologie negativer Beziehungen.* Suhrkamp, 2018. (에바 일루즈, 『사랑은 왜 끝나나』, 김희상 옮김, 돌베개, 2020)

──────. *Warum Liebe weh tut.* Suhrkamp, 2011. (『사랑은 왜 아픈가』, 김희상 옮김, 돌베개, 2013)

한국천주교주교회의 성서위원회, 『성경』, 한국천주교중앙협의회, 2005.

3장 허깨비 같은 자취

Bert Stern: Original Madman. Directed by Shannah Laumeister Stern, performances by Bert Stern, Shannah Laumeister Stern, Louis Armstrong, George Avakian, Brigitte Bardot, Zak Barnett, Drew Barrymore, and Marilyn Monroe, Magic Film Productions, 2011.

Beyerlinck, Laurentius. *Magnum Theatrum Vitae Humanae.* Köln, 1631.

Clement of Alexandria. *The Writings of Clement of Alexandria.* Translated by William Wilson, vol. 1. Hanse, 2019.

Drobner, Hubertus R., et al. *Gregory of Nyssa: Homilies on the Beatitudes: An English Version with Commentary and Supporting Studies: Proceedings of the Eighth International Colloquium on Gregory of Nyssa: Paderborn, 14–18 September 1998.* Brill, 2000.

Han, Byung-Chul. *Die Errettung des Schönen.* S. Fischer, 2015. (한병철, 『아름다움의 구원』, 이재영 옮김, 문학과지성사, 2015)

Kardashian, Kim. *Kim Kardashian Selfish.* Rizzoli, 2015.

Runefelt, Leif. *Att Hasta Mot undergången: Anspråk, Flyktighet, förställning I Debatten Om Konsumtion i Sverige 1730–1830.* Nordic Academic Press, 2015.

Savin, Kristiina. *Fortunas klädnader: lycka, olycka och risk i det tidigmoderna Sverige.* Sekel, 2011.

Sontag, Susan. *On Photography.* Farra, Strausss and Giroux, 1977. (수전 손택, 『사진에 관하여』, 이재원 옮김, 이후, 2005)

Wolf, Naomi. *The Beauty Myth: How Images of Beauty Are Used Against Women.* Chatto & Windus, 1990. (나오미 울프, 『무엇이 아름다움을 강요하는가』, 윤길순 옮김, 김영사, 2016)

거울을 다룬 예술작품들:
1. 게오르크 펜츠(Georg Pencz), <7가지 대죄>, <교만>(1540)
2. 자크 칼로(Jacques Callot), <교만>(1619)
3. 람베르트 코르넬리스(Lambert Cornelisz), 야콥 레인데르츠(Jakob Leenderts), <교만>(1621)
4. 히에로니무스 보스(Hieronymus Bosch), <7가지 대죄>, <교만>(1484)
5. 대 피터르 브뢰헐(Pieter Bruegel de Oude), <교만>(1558)
6. 대 피터르 브뢰헐, <교만>(1558)

4장 백설공주의 어머니

Bettelheim, Bruno. *The Uses of Enchantment: The Meaning and Importance of Fairy Tales.* Thames & Hudson, 1976. (브루노 베텔하임, 『옛이야기의 매력』, 김옥순·주옥 옮김, 시공주니어, 1998)

Grönqvist, Klas. *Elvira Madigan: En droppe föll....* Recito, 2013.

Hägglund, Martin. *This Life: Secular Faith and Spiritual Freedom.* Penguin Random House, 2019. (마틴 하글런드, 『내 인생의 인문학』, 오세웅 옮김, 생각의길, 2021)

Karl, Frederick R. *George Eliot: Voice of a Century: A Biography.* Norton, 1996.

Weil, Simone. *Attente de Dieu.* Fayard, 1966. (시몬 베유, 『신을 기다리며』, 이세진 옮김, 이제이북스, 2015)

53~73세 인터뷰 대상자들과의 인터뷰

5장 폭군이 되는 그림

Hamann, Brigitte. *The Reluctant Empress.* Ullstein, 1982.

Heine, Heinrich. "Seraphine IX." *Neue Gedichte.* Hoffmann und Campe, 1844. (하인리히 하이네, 「세라피네 IX」, 『新詩集』. 김수용 옮김, 문학과지성사, 1989)

Lasch, Christopher. *The Culture of Narcissism: American Life in an Age of Diminishing Expectations.* Norton, 1979. (크리스토퍼 라쉬, 『나르시시즘의 문화』, 최경도 옮김, 문학과지성사, 1989.)

Rojek, Chris. *Celebrity.* Reaktion Books, 2001. (크리스 로젝, 『셀러브리티: 미디어, 유명인 문화, 셀러브리티화에 대해』, 문미리·이상록 옮김, 한울, 2019)

Seymour, Richard. *The Twittering Machine.* Indigo, 2019.

프란츠 빈터할터(Franz Xaber WInterhalter)의 엘리자베트 황후 초상(1865), 오스트리아 빈 미술사 박물관 소장.